동진강에 흐르는 아리랑

강 따라 떠나는 인문학 기행 1: 혁명의 강

동진강에 흐르는 아리랑

초판 인쇄   2019년 4월 15일
초판 발행   2019년 4월 20일

지은이   장현근
교정교열   정난진
펴낸이   이찬규
펴낸곳   북코리아
등록번호   제03-01240호
주소   13209 경기도 성남시 중원구 사기막골로 45번길 14
            우림2차 A동 1007호
전화   02-704-7840
팩스   02-704-7848
이메일   sunhaksa@korea.com
홈페이지   www.북코리아.kr
ISBN   978-89-6324-654-3 03910

값 17,000원

동진강에 흐르는 아리랑

장현근 지음

구름이 머물고 간다는 지리산 운봉고원에 자리 잡은 운봉중학교에서 첫 발을 내디디며 나의 교사로서의 삶은 시작되었다. 지구과학을 전공한 과학교사로서 학생들과 더불어 살아있는 수업을 진행하기 위해 나름 노력했지만 교실 안에서의 수업만으로는 무언가 채워지지 않는 것이 있었다. 운봉중 아이들과 암석표본을 들고 이성계의 황산대첩 현장 부근인 옥계동 부근 피바위를 조사했던 현장체험학습의 시작이 오늘날 나를 교과통합답사를 진행하는 공간스토리텔러가 된 계기가 되어준 것이 아닌가 싶다.

지질 현장체험학습을 시작으로 송동중학교에서 천문 동아리를 조직하여 학생들과 정규 교육과정 밖의 천체관측 활동을 하게 된 것은 개인적으로 활동성 은하인 퀘이서를 연구하는 계기를 만들어주었고, 뜻을 같이하는 남원지역 과학교사 중심의 남원천문교육연구회 활동으로 이어졌으며, 나아가 전북천문교육연합회를 조직하여 '별 헤는 밤 가족캠프'를 수차례 진행하면서 교과통합적 소양을 기르는 배경이 되어주었다.

2003년, 중학교에서 고등학교로 옮기면서 과학과와 사회과 교사들을 중심으로 교과통합 자연생태체험을 시도하였는데, 이것이 훗날 전북자연생태체험연구회 탄생의 발판이 되었다. 이 연구회는 자연과학과 인문학을 아우르는 통합능력을 기르는 것을 목표로 유·초·중등 소속의 다양한 교과 교사들이 참여하여 분야별 체험학습프로그램을 개발하고 그 프로그램을 학생, 학부모, 교사들을 대상으로 현장체험학습을 적용해가는 교육단체이다. 현재 연구회는 범위를 확대하여 전국의 뜻있는 교사들이 함께 운영해가고 있는 대한민국자연생태체험연구회로 거듭나 활발하게 활동하고 있다.

교과통합능력 배양 및 리더십 함양을 목적으로 2007년 '숲', 2008년 '화산섬 제주', 2009년 중국 지역을 배경으로 「발해만 요하기행」 4부작을 기획·개발하였고, 2014년 퇴직 이후에는 독립운동사를 주제로 「아직 끝나지 않은 독립운동」 프로그램을 개발하여 학교와 지역사회에 꾸준하게 적용하고 있다. 그리고 자연생태와 지리, 사회와 문화, 역사와 인물, 국제관계와 시대정신이 상호 통합적으로 유기적인 관계에서 전개됨을 깨달은 뒤 이를 교육현장에 파급시키기 위해 교사연수에 중점을 두고 진행하고 있다.

교과통합체험 프로그램을 개발하기 위해 국내는 물론 중국의 내륙 깊숙한 곳까지 수십 차례의 답사를 진행하면서 나의 시선은 자연스럽게 '강'으로 흘러갔다. 강의 시원으로부터 끝자락인 하구와 바다에 이르기까지의 흐름을 따라가다 보니 그 흐름 안에는 지구와 인류의 과거와 현재, 그리고 미래의 삶의 모습들이 굽이굽이 흘러가고 있었다. 강에서 발견한 자연생태와 인문학은 현재를 살고 있는 우리에게 던지는 끝없는 질문이자 보고(寶庫)였다. 자연의 겸손을 나르는 소통으로서의 강. 강과 산, 강의 지정학적 위치와 인간의 역사는 하나의 고리로 연결되어 서로의 관계를 면면히 이어가고 있었다.

강의 인문학적 요소와 역할의 통로를 따라가면서 물의 소중함을 알게 되었고, 그 물을 내어주는 숲의 지구생태계적 기능을 알게 되었다. 지구생태계 내에서 독점을 부리고 있는 인간 개개인을 포함한 전 지구를 살려낼 수 있는 것은 생태주의에 대한 깨달음에서 비롯된다고 보는데, 이를 바탕으로 하여 나온 것이 '숲으로 가는 학교' 프로그램이다. 숲에서 터득할 수 있는 근본생태주의 개념을 사회에 적용하면 지역 간, 세대 간 그리고 남북 간의 분단을 극복해야 히는 당위성의 출발섬을 삼을 수 있다고 본다. 더 나아가 통일 이후 한국과 해외동포들의 관계 설정에도 생태주의가 그 바탕이 되어줄 것이라고 믿어본다.

'강 따라 떠나는 인문학 기행' 시리즈의 첫 번째로 '혁명의 강'이라는 이름을 붙인 『동진강에 흐르는 아리랑』은 전주대학교 경영행정대학원 글로컬창의학과를 마치며 그 결과물로 나온 '지역자원의 콘텐츠개발과 활용방안'의 석사학위논문을 바탕으로 재구성한 것이다. 논문의 형식으로 인해 표현이나 구성이 제한적일 수밖에 없어 책으로 펴내면서 내용과 구성을 좀 더 보완하였다.

전체 구성은 제1부 서론과 이론적 배경, 제2부 콘텐츠 개발, 제3부 스토리텔링과 활용방안으로 이루어져 있다. 제1부에서는 지역자원을 개발하는 과정을 소개하였고, 제2부에서는 세 가지 영역의 개발된 콘텐츠를 체험학습에 활용할 수 있는 안내서로 제시하였으며, 마지막 제3부에서는 개발된 콘텐츠들을 스토리텔링할 수 있도록 스토리텔링 전개도와 현장체험학습에 적용할 수 있는 하루 일정의 프로그램을 3회로 편성하여 제시하였다.

동진강을 '혁명의 강'으로 명명한 까닭은 동학농민혁명의 출발지가 동진강 유역이기 때문이다. '동진강에 흐르는 아리랑'이라는 표현은 우리 민족의 애환이 담겨 있는 아리랑을 통일의 염원을 담은 상징적 언어로 되살리기 위함이다. 드넓은 호남평야의 젖줄이 되어준 동진강은 동학농민혁명뿐만 아니라 항일의병의 함성의 물결이었고, 일제강점기에 일제 수탈의 상징성을 담고 있는 곳 또한 동진강과 그 지류하천 지역이었다. 조정래의 소설 『아리랑』의 주 배경지이면서 출발지 역시 동진강이다.

일제강점기의 수난사와 해방 후 한국전쟁의 참혹한 폐허를 딛고 다시 일어나기 위해 민초들은 이 땅에서 다시 희망을 심기 시작했다. 섬진강 다목적댐 건설과 동진강 유역 계화도 간척사업은 보릿고개의 가난과 전력난을 극복하게 하는 원동력이 되어주었다. 현재는 동진강 유역뿐만 아니라 만경강 유역까지 아우르며 건설되고 있는 새만금방조제와 새만금 간척지는 이제 대한민국의 미래로 가는 희망의 꿈을 싣고 남에서 북으로 힘차게 내달리며 서해바다로 나아가고 있다.

오늘 분단의 현실에서 우리에게 요구되는 정신은 동학농민혁명의 자주정신이며, 우리에게 당면한 시대적 사명은 분단극복과 통일이다. 그래서 동진강에 흐르는 아리랑은 지금도 미래에도 유효하다.

이 책이 교육현장에서 교과서 이외에 더 많은 욕심을 내는 교사들에게 조금이나마 갈망을 채워줄 수 있는 교재로서 역할을 했으면 하는 바람이다. 필자의 작은 욕심 하나는 자신이 태어나 살고 있는 마을과 고장에 산재해 있는 문화유적이나 역사적 사건 및 인물들에 대하여 그 존재 자체를 모르거나 제대로 접할 기회조차 갖지 못한 채 지내다가 학교를 졸업하고 고향을 떠나게 하지 말고 학교가 주축이 되어 우리 학생들이 지역의 자연생태와 문화 · 역사 등을 현장에서 체험하고 느끼고 사랑할 수 있게 기회를 주었으면 하는 것이다. 교과서가 살아서 학교 밖으로 나가고 학교 밖의 지역자원이 학교 담장 안으로 들어가 교과서 속으로 스며들어갔으면 한다.

이 책이 우리 교육 현장의 한계를 극복하고 해결해나가는 데 도움이 되기를 바라며 동진강을 중심으로 지역자원을 어떻게 추출하는지, 그 추출된 자원들을 어떻게 콘텐츠로 개발하며, 개발된 콘텐츠들을 또한 어떤 전략으로 교육과정과 연계하여 스토리텔링할 수 있는지, 그리고 마지막으로 교과통합적으로 활용할 수 있는 방안은 무엇인지 등에 대하여 자세히 밝혔다. '역사란 무엇인가?', 그리고 '교육이란 무엇인가?'를 고민하는 많은 사람들에게 조금이나마 도움이 되기를 바라며 자연의 겸손을 나르는 소통으로서의 강 시리즈 첫 번째 글을 띄운다.

이 책이 나오기까지 고마운 분들을 생각하지 않을 수 없다. 전주대학교 대학원에 글로컬창의학과를 만들고 지역사를 바라보는 새로운 눈을 갖게 하였으며 여러 학술대회와 세미나 공간에 설 수 있게 하여 연구자의 견문을 넓혀준 중앙대학교 송화섭 교수, 매체와 문화의 세계를 만나게 해준 국민대학교 심승구 교수, 프랑스 문화의 개방성을 접하게 해준 포스텍 이상빈 교수, 지역 고고학의 발굴현장을 밟을 수 있게 해준 군산대학교 곽장근 교수, 역사공간과 스토리텔링의 성결대학교 전윤경 교수, 관광학의 세계와 지역의 문화자원과 축제의 연계에 눈을 뜨게 해준 전주대학교 김경미 교수, 문화산업과 문화권력에 대한 성찰을 할 수 있도록 해준 문병호 박사, 성리학의 계통과 사상을 넓혀준 이형성 박사 등 많은 교수님들의 지도가 배경이 되었다.

이 책의 출판 전 단계에서 논문지도와 심사를 맡아 나의 부족한 글의 기본부터 구성 및 번뜩이는 아이디어와 창의적 도안 등을 제안해주고 논문의 완성단계에서 세세한 부분까지 꼼꼼하게 지도해주신 전주대학교 송광인 교수, 이정욱 교수, 이대희 교수 이 세 분의 도움이 없었다면 논문은 세상에 나올 수 없었을 것이고 이 책 또한 나오지 못했을 것이다.

그리고 논문을 책으로 펴낼 수 있도록 흔쾌히 도와주신 북코리아 이찬규 사장님, 책의 편집을 맡아 멋진 작품으로 다듬어주신 김수진 편집장님께 감사를 드린다. 아울러 논문의 검토에서 교정 작업은 물론 책으로 구성하는 데 함께해준 송미란 선생님에게도 이 자리를 빌려 깊은 고마움을 전한다.

2019년 4월
남원 산동 北原太學

태초의 길은 물길이었다. 물은 길을 만들었고, 사람들은 물길 따라 걷는 지혜가 생겼다. 물길은 하천과 계곡 따라 이동하는 강변도로의 원형이다. 이러한 사실은 구석기시대 생활유적이 강변에서 발견되고, 그곳에서 발굴된 타제석기는 물길 태동의 시그널이라 할 수 있다. 생활환경의 변화로 산 계곡의 물길이 점차 산길로 변화하였다. 사람들은 더 이상 동굴을 찾지 않고 야트막한 구릉에 움집을 짓고 살기 시작하였다. 산길 따라 곳곳에 움집들이 들어섰고 마을이 조성되었다. 사람들은 구릉과 산간지역에서 모둠살이를 하면서 청동기시대를 보냈다. 갈수록 사람들이 불어나고 더 많은 식량이 필요하여 드넓은 들로 내려오면서 들길이 만들어졌고, 수계권이 형성되었으며, 물을 이용한 수리농경이 발달하였다. 이처럼 길은 사람의 터전을 만들고 문화를 가꾸는 원동력이었다. 역사 속에서 사람들은 항상 길과 함께 살아왔다. 길이 역사요, 역사는 길이 만들었다. 모든 역사와 문화는 길이 만들어냈고, 길가에는 역사와 문화가 깃들어 있다.

　　장현근은 물길을 걷고 산길을 걷고 들길을 걷는 길의 전문가이다. 길에서 자연생태와 지질, 지리를 읽어내고 사람을 만나며 역사의 현장을 찾아가는 데 오랜 세월을 보냈다. 역사의 현장을 찾는 것은 의욕만으로 되는

게 아니다. 두 발로 현장을 걷고 그만큼 시간과 품이 들어가는 일이다. 역사의 현장을 찾는 것은 신념과 목적과 의지를 요구한다. 충분한 사전 정보 없이 현장을 찾아갔다가 허탕 치는 일도 종종 있다. 다리 품 팔고 땀을 흘려가며 현장에서 찾아내는 역사문화의 진정한 가치는 필드에서 활동하는 사람만이 느끼는 희열에 있다. 그 희열을 느낄 수 없다면 필드의 효과는 허탕 치는 것이나 다름없을 것이다.

역사와 문화를 연구하는 학자들이라고 해서 누구나 현장을 찾는 것은 아니다. 책상머리에 앉아서 역사를 읽고 공부하는 사람이 있는가 하면, 책 속의 역사 현장을 찾아가는 현장역사학자도 있다. 장현근은 후자에 속한다. 한마디로 필드에 강하다. 책 속의 자료를 읽는 것은 평면적이지만, 현장에서 자료를 읽어내는 것은 입체적이다. 학문의 논리싸움에서도 필드에 강한 사람이 항상 이긴다. 장현근은 항상 역사의 현장을 찾아 나서기 전에 자료와 정보를 충분히 준비하고서 길을 나선다. 혼자만 길을 나설 때 몸에 밴 습관에 스스로 만족하지 않고 다른 사람들에게도 함께하기를 권장한다. 그래야 필드워크의 효과가 배가되기 때문이다. 사전 정보와 학습 없이 길을 떠나는 것은 여행일지 모르지만, 필드워크는 학습이다. 현장에서 학습을 입체적으로 하였을 때 여행과 학습의 두 마리 토끼를 한꺼번에 잡을 수 있다.

장현근은 교과통합체험학습의 창시자이다. 일반인들은 교과통합체험학습이라는 용어가 생소할 것이다. 내가 보는 시야에서 장현근은 국내에서 이 분야를 선도적으로 이끌고 있다. 교과통합체험학습 능력은 하루아침에 배양되는 것이 아니라 오랜 세월 동안 그만큼 시간과 노력과 정성을 필요로 한다. 교과통합체험학습이란 현장에서 자연, 지질, 지리, 천문, 인물, 역사, 문화를 한꺼번에 동시에 읽어내는 학습방법론이다. 이러한 교과통합체험학습 방법론은 욕심이 아니라 한 지역의 역사와 문화를 자연환경과 함께 종합적으로 살펴보고 읽고 이해하는 방식이다. 주제별로 한 곳에 두세 번 갈 것 없이 한 번의 필드워크로 다양한 주제를 총체적으로 이해하고 학습하는 방식이다. 그래서 교과통합체험학습은 교실에서 이뤄지는 게 아니라 현장에서 진행되어야 참맛을 느낄 수 있다.

장현근이 과학을 전공하고 인문학과 통합하여 교과통합체험 교육활동을 학교 밖에서 전개해오다가 인문학 분야에 대한 더 깊은 지적 욕구의 갈증을 느끼고 있었을 때 대학원에서 나와 인연이 되었다. 나를 만났을 때 장현근은 이미 교과통합체험학습을 현장에서 선도하고 많은 업적과 실력이 축적되어 있었다. 내 역할은 장현근이 차린 밥상에 조기 한 마리 구워 올려놓는 정도에 지나지 않았다. 장현근에게 교과통합체험학습은 신념이었다. 그는 교과통합체험학습의 선구자로서 그 완성도를 극대화하기 위하여 교직을 명퇴하고 현직에 있는 교사들을 대상으로 교과통합체험학습을 실천하는 진정한 교육자의 참 모습을 보여주고 있다.

이 책은 교과통합체험학습 프로그램으로 동진강을 걷기 위한 길잡이다. 책 제목은 『동진강에 흐르는 아리랑』이라고 정했다. 동진강은 정읍 칠보수력발전소에서 흘러내리는 강물이 만든 물길을 따라 정읍과 김제, 부안지역을 경유하여 서해로 흘러든다. 전라북도 평야지대의 젖줄이기도 하다. 동진강을 혁명의 강으로 설정하였다. 글의 전개과정에서 1894년 고부 농민봉기가 미완성의 혁명으로 그친 동학농민혁명의 애틋함이 묻어나는 듯하다. 그러나 책갈피를 펼쳐보면 동진강에서 교과통합을 읽어내려는 진지함이 깊게 스며 있다. 동진강 유역의 지질, 지리, 수리시설, 역사문화 자원을 교과통합체험학습으로 읽어내려는 필자의 신념과 의지가 진술하게 담겨 있다.

이 책의 저자는 나와 인연을 맺고서 지역의 문화자원을 어떻게 응용하고 활용할 것인가에 대하여 교감해왔다. 이 책의 각 장과 절마다 콘텐츠를 달고 스토리텔링과 콘텐츠 활용방안을 제시하고 있다는 점에서 뜻깊은 보람을 갖는다. 비단 나뿐만 아니라 전주대학교 대학원 글로컬창의학과에서 저자와 함께 부대끼며 지역문화의 가치를 재발견하려고 애쓴 교수님들과 동지들과도 함께 이 보람 있는 작업을 공유하고 싶다. 요즘은 프랑스에 간다고 하지 않고, 파리 또는 리옹에 간다고 한다. 전주 한옥마을을 콕 찍어서 찾는다. 미래의 세계는 로컬의 네트워크시대가 될 것이다.

이제 세계는 글로컬시대에 접어들었다. 글로벌시대가 가고 글로컬시대가 도래하고 있다. 글로컬(glocal)의 미래지향성은 지역학에서 세계적 가치를 발견하는 것이며, 세계적 가치를 지역학에 적용시키는 일이다. 글로컬은 글로벌(gloval)과 로컬(local)의 합성어이다. 『동진강에 흐르는 아리랑』은 글로컬시대에 어떻게 지역학을 연구할 것인가 방향을 제시하고 논리적인 방법론을 제시하고 있다. 여기에서 그치는 게 아니다. 장현근이 기획하는 '강 따라 떠나는 인문학 기행'의 서막을 연다는 점에서 커다란 의의가 있다. 설레는 마음이 이대로 멈추었으면 좋겠다.

2019년 4월
중앙대학교 다빈치교양대학
송화섭 교수

책머리에 띄우는 글   5
추천의 글   10

제1부   1장. 서론   21
서론과 지역자원   문제 제기와 연구 목적   21
                 연구범위와 연구 방법   27

                 2장. 연구의 이론적 배경   29
                 지역자원과 콘텐츠   29
                 도시재생 관광과 스토리텔링   31
                 교과통합체험학습과 내용구성 모델   35
                 선행연구   38

                 3장. 자연지리 환경과 인문 환경   45
                 자연지리 환경과 지역자원   45
                 인문 환경과 지역자원   49
                 콘텐츠 개발 영역 설정   50
                 영역별 콘텐츠 선정   52

제2부
콘텐츠 개발

4장. 자연지리 콘텐츠-지질 콘텐츠   57

콘텐츠 개요   57

마암리 안산암   60

운암리 회문산응회암   61

정량리 촛대봉편상화강암   63

무성리 복운모화강암   65

5장. 자연지리 콘텐츠-지리 콘텐츠   68

콘텐츠 개요   68

호남정맥   70

모악지맥   72

원평천 유역   73

정읍천 유역   76

고부천 유역   77

변산지맥   79

6장. 수리시설 콘텐츠 81

콘텐츠 개요 81

일제의 쌀 식민지 정책 84

운암제 86

운암취수구와 방수로 88

수직갱(조압수조) 90

운암발전소 92

칠보수력발전소 95

동진강 도수로 98

낙양리 취입수문 99

예동보와 만석보 101

김제간선수로 105

벽골제 106

청호저수지 112

계화도 간척지 114

새만금 간척지 117

운암제 너머 새만금방조제 122

7장. 역사 · 문화 콘텐츠   132

콘텐츠 개요   132

임병찬 창의유적지   133

김개남 장군 고택 터와 묘역   138

무성서원과 태인의병   145

춘우정 김영상의 순국투쟁   154

태인향교와 태인동헌   157

피향정   160

피향정 비석군   161

동학혁명군의 성황산 전투   167

신태인 등록문화재   171

화호리 일제강점기 수탈 현장   177

소설 『아리랑』과 아리랑 문학관   183

동학혁명 백산창의비   187

간재(艮齋) 선생 유지   190

백세청풍(百世淸風)비와 지식인   194

계화산(界火山) 통일봉화(統一烽火)   196

제3부
스토리텔링과 활용방안

8장. 콘텐츠 스토리텔링 203

전체 영역 스토리텔링 구성 203

교과통합체험학습 내용구성 모델에 적용한
스토리텔링 205

자연지리 콘텐츠 스토리텔링 206

수리시설 콘텐츠 스토리텔링 210

역사 · 문화 콘텐츠 스토리텔링 213

9장. 콘텐츠 활용방안 218

콘텐츠 활용을 위한 분류 218

콘텐츠 영역별 통합 구성 220

교과통합체험학습 프로그램 222

관광 프로그램 229

10장. 요약 및 결론 236

연구 결과의 요약 236

연구 결론 237

연구의 한계 239

참고문헌 243

제1부
서론과 지역자원

1장. 서론

2장. 연구의 이론적 배경

3장. 자연지리 환경과 인문 환경

1장. 서론

문제 제기와 연구 목적

① 문제 제기

한반도 남서부 호남정맥과 모악지맥, 그리고 남으로 두승지맥과 변산지맥으로 둘러싸인 동진강 유역에는 국내 최대의 호남평야가 위치하고 있다. 이 지역의 지형은 화산재가 쌓여서 이루어진 동부 산악지역과 화강암을 기반으로 하는 평야지대로 구성되는 특징을 보인다. 동진강 유역에 분포하는 지역자원을 이해하기 위해서는 이 지역의 지질·암석학적인 특징에 의해 결정된 지형적 특성을 알아야 하는데, 이는 지형적 특성이 이 유역 안의 인문학적 자원의 형성에 결정적인 역할을 하기 때문이다.

고대로부터 호남평야의 형성과정에는 더 넓은 땅에 대한 인간의 욕망이 개입되었으며, 이 지역에서의 간척사업은 벽골제 수축과 함께 시작되었음을 알 수 있다. 강봉룡은 "광활한 호남평야는 1,500여 년의 장구한 세월 동안 인간의 노력에 의해서 형성되어온 유례가 드문 대평야이다. 330년 벽골제 시축과 790년 벽골제를 수축함과 동시에 바다를 메꾸어 가

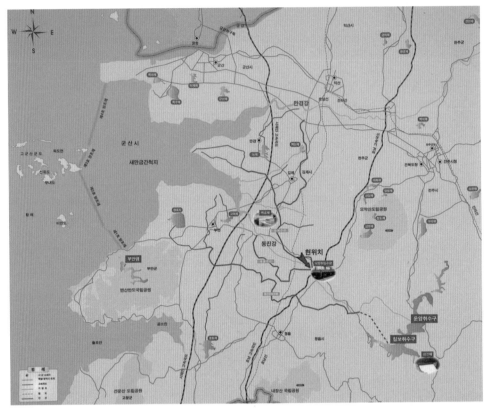

섬진강댐에서 새만금방조제에 이르는 한반도 남서부에 위치하는 동진강 유역.
낙양리 수리시설 현황판, 2014년 7월 7일 촬영.

330년에 축조된 벽골제의
제방과 수문 장생거의 모습.
2015년 6월 20일 촬영.

경(可耕)농지를 확대하는 간척사업의 본격적 시작을 의미하는 것이 될 것이다"[1]라고 한 데서 그 과정을 확인할 수 있다. 하지만 이 연구에서는 벽골제의 구조와 수축, 그리고 해양사적 의의에 중점을 두었기 때문에 수리시설이 필요했던 지형적인 배경에 대한 접근은 보이지 않는다.

고대 시기 이 지역의 수리시설과 관련한 연구로는 수리시설의 역사성과 의미,[2] 벽골제의 축조와 수축의 해양사적 의의,[3] 벽골제의 축조와 변화[4] 등의 연구가 보고되었는데, 이들 논문에서도 수리시설이 필요했던 자연지리적 배경은 언급되지 않았다.

반면 유대영은 동진강 유역에서 고대로부터 인공적인 저수지와 보(洑)가 지속적으로 만들어진 이유를 "넓은 곡창지대가 형성되었음에도 불구하고 동진강이 충분한 유량을 공급하지 못하였는데 그것은 작은 유역 면적과 짧은 유로 길이로 인해 자연적으로 비를 저류할 수 있는 능력이 부족하였기 때문이다"[5]라고 언급하면서 지형적 특성을 들어 물 부족 배경을 설명하였다. 이 경우도 농업용수가 부족한 배경이 된 지형적 특징의 원인을 과학적으로 접근하지는 않았다.

따라서 동진강 유역 형성의 배경이 된 지형적 특성을 화산활동에서부터 과학적으로 접근해볼 필요성이 대두된다. 또한 동진강 유역 안에 분포하는 다양한 인문자원을 자연지리적 환경을 극복하기 위해 설치한 수리시설과 연계하여 통합적으로 접근한 연구가 보이지 않는데, 이 또한 연구의 필요성을 갖게 한다.

예를 들면 동진강 유역에 세운 만석보는 배들평야에 농업용수를 공

[1] 강봉룡, "벽골제(碧骨堤)의 築造 및 修築과 그 해양사적 의의", 도서문화 22(2003): 422.

[2] 노중국, "한국고대 수리시설의 역사성과 의미", 신라문화 45(2015): 123-147.

[3] 강봉룡, "벽골제의 축조 및 수축과 그 해양사적 의의", 도서문화 22(2003): 404-425.

[4] 김주성, "벽골제의 축조와 변화", 한국고대사탐구 21(2015): 267-292.

[5] 유대영, "동진강과 운암제", 대한토목학회지 49(2001): 35-36.

조병갑이 세운 만석보 위치에서 바라본 배들평야. 2016년 5월 20일 촬영.

동진강의 만석보 위치에서 바라본 정읍천과 동진강의 합수지점. 2015년 6월 20일 촬영.

급하기 위한 수리시설이다. 이 수리시설이 필요했던 것은 넓은 평야에 공급해줄 수자원 부족이 그 배경인데, 그것은 유역의 상류지역에서 일어난 중생대 백악기 화산활동에 의한 지형 형성이 출발이다. 전봉준 장군의 공초(供草) 과정에서 고부봉기의 원인 네 가지 중 첫째로 꼽은 것이 민보[6]를 들었던 데서 알 수 있듯이 만석보는 동학농민혁명의 기폭제가 되었다. 이렇듯 만석보의 경우처럼 동진강 유역에 분포하는 인문자원들은 이 지역의 자연지리적 환경을 극복하기 위해 설치한 수리시설들과 밀접하게 연관되어 있다.

그런데 동진강 유역을 대상으로 자연지리적 환경과 수리시설, 그리고 수리시설에 동반된 역사·문화 등을 교과통합적으로 연구한 사례는 보이지 않으며, 더욱이 이들 자원을 통합적으로 구성한 콘텐츠 개발이 아직 이루어지지 않았다. 따라서 동진강 유역 안에 인문자원을 자연지리적 환경의 배경에서 교과통합적인 관점으로 접근하여 콘텐츠를 개발하는 새로운 시도가 요구된다.

② 연구 목적

동진강 유역의 시공간은 자연지리를 바탕으로 고대 시기로부터 그곳에서 살아왔던 사람들의 생활, 수리시설의 변천, 역사와 문화의 누적 등 인문환경을 교과통합적인 관점에서 총체적으로 접근할 수 있는 곳이다. 이 유역 안에는 벽골제와 동학농민혁명의 기폭제가 되었던 만석보가 있으며, 동진강 상부지역의 칠보에는 항일의병 창의의 함성이 깃든 무성서원이 있다. "무성서원은 1906년 태인의병 창의의 진원지가 되었고, 1907년 후반에 시작된 후기 의병의 주무대가 전라도였다는 점을 보더라도 태인의병이 기폭제의 역할을 했으리라 짐작할 수 있다. 전라도뿐만 아니라 전국적으로 태인의병의 영향이 퍼졌나갔다"[7]에서 볼 수 있듯이 무성서원은 그 역사적 의의가 큰 곳이었음을 알 수 있다.

일제강점기 이 지역은 "일본인 자본가들이 조선총독부와 결탁하여

[6] 신봉룡, 전봉준 평전(서울: 지식산업사, 2006), 316.
[7] 홍영기, 대한제국기 호남의병 연구(서울: 일조각, 2005), 180.

광활 간척지. 아베 일가가 1925년부터 1932년까지 약 7년간 시행한 간척공사로 1,400정보의 논이 생겨났다. 오래되어 구멍 뚫린 다리와 광활면을 알리는 이정표가 보인다. 2015년 12월 3일 촬영.

보조금을 지원받아 간척사업을 실시하였고, 주민으로 하여금 주택비 · 정 착비 · 종자대 등의 명목으로 빚을 지게 하였으며, 표면상 5할이었으나 실 제로는 6~7할이나 되는 높은 비율로 착취한 소작료로 막대한 농장수익 을 올렸다"[8]는 데서 알 수 있듯이 이 기간 동안 동진강 유역을 중심으로 하는 호남평야는 일본제국주의 농업 수탈의 상징이었고 그 공간에서 살 아가는 민초의 삶은 궁핍할 수밖에 없었다.

자연지리적 환경을 배경으로 형성된 동진강 유역 안의 인문 환경은 살아있는 현장체험학습 공간일 뿐만 아니라 다크투어리즘(dark tourism)의 관광지로서 탁월한 가치를 가지고 있다. 이에 연구자는 동진강 유역의 지 역자원을 자연지리적 환경을 바탕으로 수리시설과 역사 · 문화 등의 인문 자원을 교과통합적으로 접근할 수 있는 콘텐츠를 개발하고 이를 활용할 방안을 제시하고자 한다.

[8] 강명진, "1910~1930년대 아베 일가의 동진강 유역 간척과 농업수탈", 한국근현대사연구 73(2015): 144-147.

연구범위와 연구 방법

① 연구범위

동진강 유역은 중심이 되는 동진강과 정읍 일대의 정읍천, 김제 일대의 두월천과 원평천, 신평천, 그리고 정읍 고부와 부안 동부 일대의 고부천 등의 지류 하천들로 구성되어 있다. 지역자원의 콘텐츠 개발을 위한 공간적 연구범위는 본류인 동진강이 상류에서 하류를 거쳐 바다로 들어가는 강 주변 지역으로 한정하였다. 특히 연구의 출발을 동진강 유역이 아닌 섬진강 유역의 옥정호에서 시작하였는데, 이는 동진강 유역의 수리역사를 확보하기 위해서이다. 동진강 유역의 자연지리 환경과 인문 환경은 이 지역의 지형 생성과 밀접한 관계를 가지고 있으므로 시간의 범위는 지질시대부터 현재까지로 설정하였다. 내용 영역의 범주는 자연지리, 수리시설, 문화유적, 역사적 사건, 인물, 문학 등 자연과학과 인문학 영역이 통합적으로 연결될 수 있도록 구성하였다.

② 연구 방법

동진강을 중심으로 하는 지역자원의 콘텐츠를 개발하는 데 있어서 강의 상류로부터 중류, 하류를 통해 바다로 나아가는 공간의 진행 과정을 주요 요소로 설정하였다. 발원지인 산악지역의 높은 곳에서 평야지대를 지나 해수면으로 이어지는 수직적 공간의 변화는 높은 상태의 에너지가 낮은 상태로 이동하여 평형상태를 유지하려는 자연 작용의 결과이다. 지질시대로부터 현재까지 지속적으로 이루어지는 평탄화 과정 속에서 사람들이 삶의 터전을 이루고 있는 공간은 지형에 따라 강물의 영향을 받을 수밖에 없다. 특히 농사를 기반으로 살아가는 사람들의 삶에 미치는 강물의 영향은 지대하였을 것이다.

동진강 유역을 중심으로 지역자원의 콘텐츠 개발을 위하여 다음과 같은 단계별 연구를 수행하고자 하였다.

첫째 단계에서는 동진강을 중심으로 하는 공간적 범위 내에 있는 자연지리적 환경을 분석하여 이 지역의 자연지리적 특성이 인문 환경 형성에 어떻게 작용하였는지를 알아보고자 하였다.

둘째 단계에서는 동진강 유역의 자연지리 환경과 인문 환경에서 콘텐츠로 개발하고자 하는 지역자원들을 추출하여 영역별로 구분하고자 하였다.

셋째 단계에서는 영역별로 추출된 자원을 그 자원이 가지는 원형성을 기본으로 하고 확장성과 타 영역과의 통합성 등을 고려하여 콘텐츠를 개발하고자 하였다.

넷째 단계에서는 영역별로 구분된 콘텐츠들을 스토리텔링할 수 있는 구조화를 시도하고자 하였다.

다섯째 단계에서는 영역별로 개발된 콘텐츠들을 활용할 수 있는 방안을 교육목적 현장체험학습 활용방안과 일반 관광, 다크투어리즘 관점의 활용방안으로 나누어 모색하고자 하였다.

2장. 연구의 이론적 배경

동진강은 섬진강의 강물을 유역변경으로 넘겨받아 호남평야에 생명수를 공급하고 있다. 자연지리와 수리시설 그리고 역사·문화 요소들을 교과통합적으로 이해하고 콘텐츠화하여 교육활동이나 관광자원으로 활용되도록 하려는 목적을 달성하기 위한 연구를 수행함에 있어 필요한 주요 용어의 개념은 다음과 같다.

지역자원과 콘텐츠

① 지역자원의 개념

지역자원은 지역(地域, local)과 자원(資源, resources)의 합성어이다. 사전적 의미의 지역은 "일정하게 구획된 어느 범위의 토지 또는 전체 사회를 어떤 특징으로 나눈 일정한 공간 영역을 말한다. 반면 자원은 인간 생활 및 경제 생산에 이용되는 원료로서의 광물, 산림, 수산물 따위를 통틀어 이르는 말 또는 인간 생활 및 경제 생산에 이용되는 노동력이나 기술 따위를 통틀어 이르는 말"❶이라고 기술하고 있다.

　따라서 지역자원은 일정하게 구획된 어느 범위의 공간 안에 인간 생활 및 경제 생산에 이용되는 원료, 노동력이나 기술 따위를 통틀어 이르는 말이다. 본 연구에서 다루는 공간 범위를 옥정호에서 동진강 하구를 거쳐 바다로 들어가는 구역으로 한정하였는데, 이 구간 안에 있는 인간 생활과 경제 생산에 이용되는 모든 요소가 자원에 포함될 수 있다.

② 콘텐츠(contents)의 개념

콘텐츠라는 용어를 확인하기 전에 '문화'라는 용어는 어떤 의미를 담고 있는지부터 접근해본다. 문화는 인간학적 관점, 교육학적 관점, 문화인류학적 관점에 따라 그 정의가 다른데, 여기서는 인간학적 관점에서의 문화만을 언급한다. "인간학적 관점의 문화란 한 사회집단, 민족, 국가를 특징짓는 관습, 기술, 가치들의 총체를 의미하며 이는 곧 한 사회의 생활양식으로 요약할 수 있다."❷ 문화는 사회의 생활양식으로 요약되므로 그 결과물이 결국은 콘텐츠의 구성요소가 됨을 알 수 있다.

　콘텐츠의 사전적 의미는 '내용'이나 '내용물'을 의미하는 콘텐트(content)의 복수형이다. 이기상은 "콘텐츠(contents)는 단순한 내용물이 아니다. 콘텐츠는 그것을 매개해줄 기술적인 미디어를 필요로 한다. 텔레비전이라는 기술미디어는 프로그램 영상물이라는 콘텐츠를 담고 있으며 책이라는 기술미디어는 지식콘텐츠를 담고 있다"❸면서 매개해줄 미디어를 강조하고 있고, 정창권은 "콘텐츠는 인류역사와 함께 존재해 왔는데 문학, 그림, 음악, 무용 등의 여러 가지 작품들이 그것이다. 콘텐츠에는 예술성과 산업성이 담보 되어 있으며 번뜩이는 아이디어와 재미있는 이야기로

---

❶ "국립국어원"(http://stdweb2.korean.go.kr, 검색일: 2018년 11월 17일)

❷ 이기상, 지구촌 시대와 문화콘텐츠(서울: 한국외국어대학교 출판부, 2009), 121.

❸ 위의 책, 172.

사람들의 마음을 움직일 수 있는 것이어야 한다"[4]라고 하였다. 콘텐츠로 개발되기 전의 지역자원은 그 현장에서 그 자원을 매개해줄 기술적인 미디어가 동원될 때 콘텐츠가 될 수 있다. 이 경우 기술석인 미디어는 지역자원을 구성하여 콘텐츠가 되도록 이끌어가는 현장의 안내자가 될 수 있다.

도시재생 관광과 스토리텔링

콘텐츠를 개발한 후에 활용방안 단계에서 사용되는 도시재생, 다크투어리즘, 농촌관광 등의 용어의 개념은 다음과 같다.

① 도시재생

전북의 군산, 익산, 전주, 정읍 신태인 등지에서 시도한 도시재생사업의 대표적인 예는 삼례 문화예술촌, 군산 근대문화유산거리, 정읍시 생활문화센터 등을 들 수 있다. 이들의 공통점은 일제강점기에 조성된 시설을 활용하고 있다는 점이다. 도시재생이란 "산업구조의 변화, 즉 기계적 대량생산 위주의 산업에서 최근 신산업으로 변화되는 산업구조 및 신도시 위주의 도시 확장으로 인해 상대적으로 낙후된 기존 도시에 새로운 기능을 도입하고 창출함으로써 쇠퇴한 도시를 새롭게 경제적 · 사회적 · 물리적으로 부흥시키는 도시사업을 의미한다"[5]라고 정의하고 있다. 정읍시 신태인 읍에 있는 일제강점기에 세워진 도정공장 창고는 등록문화재로 지정되어 있는데, 최근에는 정읍시 생활문화센터로 탈바꿈하여 새로운 용도로 활용하고 있는 데서 그 예를 찾을 수 있다.

---

[4] 정창권, 문화콘텐츠 스토리텔링(서울: 북코리아, 2008), 23.
[5] "박문각"(http://www.pmg.co.kr, 검색일: 2018년 11월 6일)

삼례 문화예술촌. 이곳은 만경강 근처의 비비정에서 멀지 않은 곳에 위치하는데. 일제강점기 일제가 호남평야의 쌀을 수탈하여 보관하던 쌀 창고들을 개조하여 조성한 문화와 예술을 담은 공간이다. 모모미술관, 책공방북아트센터, 소극장씨어터애니, 김상림목공소, 디지털 아트관, 커뮤니티뭉치, 카페드레 등의 건물들로 재생되었다. 2018년 9월 17일 촬영.

② 농촌관광(rural tourism)

동진강 유역에서 개발되는 콘텐츠가 분포하는 곳들이 농촌지역이어서 관광 프로그램으로 활용될 경우 농촌관광의 범주에 속한다고 볼 수 있다. "농촌관광은 대중적 관광에 대한 대안적 형태의 관광을 의미한다. 대규모 관광시설을 조성하고 외지의 대자본을 유치하여 관광산업을 진흥시키는 형태의 대중적 관광은 대규모 시설 설치와 대량의 관광객 유입으로 인한 환경파괴나 관광자원 고갈 등의 문제점들을 낳고 있다. 반면 농촌관광은 이에 대한 대안으로서 농촌환경, 자연생태계, 농촌생활, 농촌의 전통문화 등을 관광의 소재로 삼아 소규모 관광객들을 대상으로 지속가능한 관광을 추구하고 있다."[6] 이와 같은 농촌관광의 의미 속에서 향후 개발되는 콘텐츠를 어떻게 활용해나갈 것인지 그 방향성을 찾을 수 있다.

[6] "농촌진흥청"(http://www.rda.go.kr, 검색일: 2018년 11월 6일)

임실군 오수면 둔덕리 '꽃심지둔데기마을'. 전주이씨 500년 종가와 삼계강사, 최명희 소설 『혼불』 등의 마을 자원을 활용하여 '둔데기 생생월령가', '둔데기 백중술멕이 축제', '둔데기 마을학교 운영' 등을 통해 주민이 자발적으로 만들어가는 농촌축제를 열어 농촌관광으로 이어가고 있다. 2019년 2월 14일 촬영.

③ 다크투어리즘(dark tourism)

서울의 서대문형무소, 제주도 전역에 분포하는 4·3 사건의 희생유적지, 충북 영동의 노근리 평화공원, 광주 5·18 기념공원 등은 일반 관광지와는 그 성격이 다르다. 이들 지역은 역사적으로 비극적인 사건과 관련이 있기 때문에 접근하는 자세나 그곳에서 얻을 수 있는 교훈이 일반 관광지와는 다르다. 이러한 장소를 찾아가는 관광을 '다크투어리즘'이라고 한다. 다크투어리즘은 "휴양과 관광을 위한 일반 여행과 다르게 재난이나 역사적으로 비극적인 사건이 일어났던 곳을 찾아가 체험함으로써 반성과 교훈을 얻는 여행을 말한다. '블랙투어리즘(black tourism)' 또는 '그리프투어리즘(grief tourism)'이라고도 한다."[7] 동진강 유역의 지역자원 중에는 일제강점기 수탈의 현장들이 많이 분포한다. 이러한 자원을 콘텐츠로 개발하는 데

❼ "박문각"(http://www.pmg.co.kr, 검색일: 2018년 11월 6일)

제주시 조천읍 북촌리 4·3 희생자 위령비. 1948년 11월 19일 한 마을의 주민 436명을 학살한
너분숭이 학살터에 세워진 비이다. 이 너분숭이는 현기영 소설 『순이 삼촌』의 배경지이기도
하다. 전라북도 영재학생들의 리더십 함양을 위한 체험학습 프로그램을 개발하던
전북자연생태체험연구회 소속 교사들이 현장에서 참배하고 있다. 2008년 7월 24일 촬영.

다크투어리즘은 중요한 요소이다.

④ 스토리텔링(storytelling)

본 연구의 1차적인 목표는 지역자원의 콘텐츠 개발이고, 그다음 목표가
개발된 콘텐츠의 활용방안이다. 동진강의 상류 지역인 산속에서 출발하
여 평야로, 평야에서 다시 강을 타고 바다로 이어지는 공간의 이동 속에
서 그 안에 담겨 있는 자연지리 콘텐츠와 인문 콘텐츠를 어떻게 활용할 것
인가가 그 핵심인데, 그것을 전달하고 소통하는 형태, 즉 이야기를 매체의
특성에 맞게 표현하는 것이 '스토리텔링'이라고 할 수 있다. 정창권은 스
토리텔링이란 "이야기를 매체의 특성에 맞게 표현한 것으로 내용은 물론
기술적 측면까지 모두 포함하는 용어라 할 수 있다"[8]고 하였다. 학습자가

❽ 정창권, 앞의 책, 37.

『동진강에 흐르는 아리랑』 전라북도 김제 교육지원청 교과통합체험 교원연수에서
스토리텔링하고 있는 연구자. 섬진강 옥정호에서 산줄기와 물줄기를 이해하는 것으로부터
동진강 유역의 수리시설, 동학농민혁명, 항일의병투쟁, 일제강점기의 수탈 등을 통합적으로
구성하여 전개하였다. 2014년 7월 19일 손순미 촬영.

동진강 유역의 현장에서 지역자원을 직접 바라보고 만지며, 스토리텔러
(storyteller)에 의해 주변 환경 속에서 다른 요소들과 재구성되어 통합적으로
태어나는 콘텐츠들을 체험하는 것은 그 출발부터가 스토리텔링이라고 할
수 있다.

교과통합체험학습과 내용구성 모델

지역자원의 영역은 동진강 유역을 형성하게 한 지질·암석을 포함하는
자연환경 영역, 산줄기와 물줄기를 포함하는 지리 영역, 그리고 이 둘을
바탕으로 이 지역에 형성된 문화, 역사, 인물, 문학 등을 총체적으로 아우
르는 인문 환경 영역 등을 포함한다. 자연지리 환경과 인문 환경을 통합적
으로 구성하는 콘텐츠를 개발하기 위해서는 연구자가 체계화한 교과통합
체험학습의 정의와 그 내용구성에 관한 모델을 이해할 필요가 있다.

교과통합체험학습은 교과통합과 현장체험학습으로 나눌 수 있다. 기존의 교과통합에 관한 논의를 살펴보면 이환기는 "교과통합을 '실재'와 '마음'과 '활동' 세 가지 영역으로 분류하여 각각 교과통합의 존재론적 근거, 심리학적 근거, 실제적 근거의 핵심 용어들이 된다"[9]라고 소개하였다. 이 중에서 연구자가 구성하고 있는 교과통합체험학습의 영역은 활동을 중심으로 하는 실제적 근거에 바탕을 두고 있으나 기존 개별교과의 존재를 배제한 것은 아니며 개별교과의 내용을 토대로 교과통합내용을 구성하였다. 한편 노철현은 "교육은 교과공부를 통하여 통일성을 획득하는 것이며 한마디로 통합의 과정을 의미한다"[10]라고 하면서 교과통합의 중요성을 언급하였다.

본 연구자는 교과통합체험학습을 "자연생태와 지리적 사고를 바탕으로 사회·문화·역사 등을 교과통합적으로 체험하는 학습"이라고 정의하고자 한다.

② 교과통합체험학습 내용구성 모델

특정 지역의 지역자원을 대상으로 콘텐츠를 개발하거나 개발한 콘텐츠를 가지고 관광 또는 체험학습을 하는 경우 해당 콘텐츠에 통합적으로 접근하는 것은 그 콘텐츠의 원형성을 파악하는 데 중요한 역할을 한다. 동진강 유역의 지역자원을 콘텐츠로 개발하기 위해 적용한 모델이 바로 '교과통합체험학습 내용구성 모델'이다. 이 모델은 자연생태, 지리적 사고, 사회·문화, 역사와 인물, 국제관계와 시대정신·사명의 총 5개 영역으로 구성되어 있다.

이 모델에 따라 동진강 유역의 전체 지역자원을 하부의 자연생태 영

---

[9] 이환기, "교과통합의 인식론적 기초", 중등우리교육(1996), 153-157.
[10] 노철현, "교과통합의 개념모형 일고찰", 도덕교육연구 22-1(2010), 100.

　역으로부터 상부 국제관계와 시대정신·사명 영역 등으로 위계성을 가지
고 접근하였다. 교과통합체험학습의 다섯 가지 영역의 위계는 체험학습이
진행될 때 스토리텔링의 구성과 맥을 같이한다.

　본 연구의 영역을 자연지리 콘텐츠, 수리시설 콘텐츠, 역사·문화 콘
텐츠로 영역별로 분류한 것도 교과통합체험학습 내용구성 모델에 따른
것이다. 이 모델은 뒷부분의 콘텐츠 스토리텔링에서 재론될 것이다. 연구
자가 개발한 교과통합체험학습 내용구성 모델은 다음에 제시하는 그림과
같다.

체험학습 영역	영역별 구성 요소	지향점
국제관계와 시대정신·사명	- 국제관계와 세계의 흐름 이해 - 동북아시아와 한반도 정세 주시 - 남과 북의 분단의 폐해 이해 - 안보 넘어 통일교육 전환	자주통일 실천
역사와 인물	- 고대에서 현재에 이르는 누적된 역사 - 역사적 사건의 발생 배경과 영향 - 역사 속의 인물 이해 - 인물 내부의 사상 - 오늘과 내일의 교훈으로서의 역사의식	역사의식 함양
사회·문화	- 자연생태와 지리적 특성의 결과물 - 지식 기반 산업의 이해 - 산·농·어촌의 특징 - 강 따라 형성된 인류의 문명과 문화 이해 - 신화·종교·문학·예술 이해	인문학적 소양 함양
지리적 사고	- 수륙분포와 위도 - 산줄기와 물줄기 이해 - 수계와 생활문화권 - 경계지역과 지리적 사고	지정학적 개념 터득
자연생태	- 지구생태계 이해 - 지질과 암석의 이해 - 토양과 식생 이해 - 숲의 구성과 역할 - 숲에서 터득하는 생태주의	생태주의 터득

교과통합체험학습 내용구성 모델. 연구자 작성.

동진강의 발원지로부터 강의 하구에 이르기까지 하천 유역 전 구간에 걸친 자연환경과 지리적 사고를 바탕으로 한 사회·문화·역사를 통합적인 관점에서 콘텐츠를 개발하고, 개발된 콘텐츠를 활용한 사례를 조사해보았으나 그와 유사한 선행연구는 찾을 수 없었다. 다만 연구자가 설정한 공간적 범위 안에서 개별적인 영역의 콘텐츠 개발이 이루어진 사례로는 신태인의 화호리 지역을 대상으로 한 것이 있었다. 또한 동진강 유역은 아니지만 타 시·도 지역의 역사·문화 콘텐츠 개발사례와 지역문화 콘텐츠로서 역사·문화자원의 활용사례가 다수 보고되어 있어서 그 사례들을 조사하여 본 연구의 방향성으로 삼고자 하였다.

① 국내 연구

신태인읍 화호리는 동진강 유역의 하부 지역에 위치한다. 이 지역은 일제강점기 농업수탈 구조의 한 축인 일본인 대지주들이 정착하여 살았던 공간이다. 그에 따른 일제강점기 그들의 흔적이 건축물의 형태로 다수 남아 있다.

함한희 외 3인은 2010년에 "화호리를 중심으로 식민지 경관의 형성과 그 사회문화적 의미"[11]에 대하여 연구한 바 있고, 이종주·이정훈에 의해 "식민지농촌 구술의 서사구조와 문화콘텐츠적 의의"[12]가 보고되었다. 이 중에서 본 연구와 관련된 신태인 화호리의 문화콘텐츠적 의의를 다룬 이종주·이정훈의 연구를 살펴보고자 한다.

연구자들은 식민경영을 위해 구성된 신태인읍 화호리 지역의 주민이

---

[11] 함한희 외, "식민지 경관의 형성과 그 사회문화적 의미", 한국문화인류학 43(2010): 47-87.
[12] 이종주·이정훈, "식민지농촌 구술의 서사구조와 문화콘텐츠적 의의", 인문콘텐츠 38(2015): 157-180.

신태인 화호리 마을의 전경. 중앙의 키 큰 나무가 있는 곳이 일제강점기 일본인 대지주들이 거주했던 중심지이다. 2019년 2월 7일 촬영.

화호리 숙구지 동산 위에 자리한 건물들이 폐허로 변해가고 있다. 화호3길 201-13. 2019년 2월 7일 촬영.

일제강점기에 대응한 다양한 삶의 형태를 주민 구술을 토대로 세 가지 계열로 제시하였다. '일본인과 조선인 부모 결합에서 태어난 사람', '순수 조선인', '김철수[13]' 등 세 부류의 화호리 사람들의 삶을 분석하여 "화호리 이

[13] 부안군 백산면 원천리에서 태어났으며, 원천리는 화호리와는 나루터로 연결되는 곳이다.

야기는 근현대를 관통하는 역사와 이데올로기가 인간의 삶을 어떻게 변모시키는지를 여실히 보여주고 있다. 화호리에서 채록된 개인의 이야기는 식민지를 살았던 개인들의 다양한 모습이 담겨 있으며, 근현대사의 사상 대립과 정치적 변동을 온몸으로 증명한 삶이 기록되어 있다"[14]라고 결론을 맺고 있다. 또한 화호리에 남아 있는 식민 잔재들을 지역 역사의 체험 현장으로 활용하여 일본에 의한 근대화에 관한 입장 차이를 배울 수 있는 자료이며, "시간이 흐를수록 부서져서 사라져가는 건축물보다 오히려 화호리 문화콘텐츠의 가치는 화호리에서 보낸 시간을 기억하고 있는 사람들의 이야기 속에서 발현된다"[15]라고 설명하고 있다.

이상현·이종오는 '지역문화콘텐츠로서 역사·문화자원의 활용사례'[16]를 군산 근대문화유산거리와 전주 한옥마을을 중심으로 보고하였다. 이들은 2001년 「문화재보호법」 개정으로 도입된 등록문화재 제도가 근대 문화유산에 대한 보존과 활용의 필요성을 가져오게 하였고, 여기에 2000년대 후반부터 도시재생에 대한 연구가 시작되면서 지역문화콘텐츠로서 역사·문화자원의 활용이 도시재생사업의 중요한 역할을 맡게 되었다고 보았다. 군산 근대문화유산거리와 전주 한옥마을의 사례를 중심으로 각각 두 도시에서 실시한 역사·문화 자원의 보존 노력, 역사·문화 자원을 매개로 한 지역 활성화 정책, 역사·문화 자원의 활용 등 세 가지 측면에서 살펴보고 "군산과 전주의 사례는 도시재생사업, 지속가능한 지역발전 전

그는 지주의 아들로 화호리를 떠나 먼 길을 돌아 끼니를 걱정하는 초가집으로 돌아왔지만, 민족사의 갈등과 대립을 초월한 거인이 되었다. 김철수라는 대해는 레닌, 김일성, 우장춘, 이승만, 모택동, 박헌영, 여운형을 끌어안고 고향으로 돌아온 것이었다(출처: 동진강 스토리 100, 116. 이종주·이정훈).

[14] 위의 글, 177.

[15] 위의 글, 177.

[16] 이상현·이종오, "지역문화콘텐츠로서 역사문화자원의 활용사례 연구" (글로벌문화콘텐츠학회 학술대회, 2018), 61-65.

군산 근대문화유산거리의 구 조선은행 군산지점이었던 근대건축관과 수탈의 상징인 철로.
2014년 11월 26일 촬영.

모국체험학습의 일환으로 한옥마을을 찾은 재중국 동포학생들과 교사들이 한옥마을 남쪽
전주천의 오목교를 밝은 모습으로 건너고 있다. 2019년 1월 22일 촬영.

략 수립에서 지역문화콘텐츠로서 역사문화 자원 활용의 중요성을 보여준
다[17]라고 결론을 맺었다. 또 이들은 1980년대 이후 급속히 진행된 도시쇠
퇴 문제를 해결하기 위해 군산시와 전주시가 역사·문화 자원을 활용한

---

[17] 이상현·이종오, 위의 글, 64.

도시재생을 지역문화콘텐츠로 전통한옥마을과 근대문화유산을 활용한 것은 성공적인 사례가 되었다고 하였다.

지금까지 살펴본 콘텐츠의 개발과 활용사례는 본 연구지역에 해당하는 신태인과 그 외 전북지역에서의 연구인데, 다음은 타 시·도에서의 연구사례이다.

부산지역을 중심으로 "지역의 역사·문화콘텐츠 개발사례"[18]가 있는데, 이 사례에서는 지역연구를 해온 부산대학교 부산지리연구소와 한국민족문화연구소의 지역에서의 콘텐츠 연구들을 소개하였다. 부산지리연구소는 조선지지(朝鮮地誌) 자료와 동래읍성에 관한 문헌과 건축에 관한 연구를, 한민족문화연구소의 경우는 디지털부산역사문화대전 사업을, 그리고 기타 기관에서 실시한 지역권 연구와 콘텐츠 개발의 예로 동래향교에서 행해지고 있는 평생교육원의 교육과정과 '향교 1일 스테이' 프로그램 등을 소개하고 있다. 연구 결론부에서는 "미래의 콘텐츠는 융복합으로 문화 따로 역사 따로 테마 따로 문학 따로 나머지 등등 개별이나 별도로 할 수가 없으며 융복합으로 아울러야 한다"[19]라고 주장하였다.

김영순의 "지역문화콘텐츠의 교육적 활용방안에 관한 연구"[20]가 있는데, 이 연구는 본 연구의 수행에서 활용방안으로 연계될 것 같아 관심 있게 접근하였다. 그러나 야외현장에 직접 나가서 체험학습 형태로 진행하는 것이 아닌 '디지털문화원형의 영상콘텐츠 자료를 학교 안의 교실 수업의 교육과정에서 어떻게 활용할 것인가' 하는 방향을 제시하고 있다. 다음은 선행연구의 네 가지 사례를 표로 정리한 것이다.

[18] 서강선, "지역의 역사·문화콘텐츠 개발사례", 한국학연구 56(2016). 85-108.

[19] 위의 글, 106.

[20] 김영순, "지역문화콘텐츠의 교육적 활용방안에 관한 연구", 인문콘텐츠 8(2006), 127-146.

구분	이종주·이정훈	이상현·이종오	서강선	김영순
주제	식민지 농촌 구술이 서사구조와 문화콘텐츠적 의의	지역문화콘텐츠로서 역사·문화자원의 활용사례	지역의 역사·문화 콘텐츠 개발사례	지역문화콘텐츠의 교육적 활용방안에 관한 연구
영역	콘텐츠 개발	활용사례	콘텐츠 개발	활용방안
지역	정읍 신태인	군산·전주	부산광역시	개발된 지역문화콘텐츠
대상	화호리 마을	군산 근대문화유산 거리, 전주 한옥마을	조선지지 자료 부산 동래읍성	디지털문화원형의 영상콘텐츠
결과	근현대사의 사상대립과 정치적 변동을 온몸으로 증명한 삶의 기록	도시재생과 지역발전 전략에서 역사·문화자원의 중요성	미래 콘텐츠는 융복합으로 접근해야 함	학교 안의 교실 공간에서 교육과정에 활용
학술지	인문콘텐츠 38, 2015	글로벌문화콘텐츠학회 학술대회, 2018	한국학연구 56, 2016	인문콘텐츠 8, 2006

자료: 이종주·이정훈 외 3편의 연구 논문을 5개 항목을 설정하여 요약함. 연구자 작성.

② 선행연구 시사점

선행연구의 고찰 결과 연구자가 수행하고자 하는 동진강 유역을 중심으로 자연지리와 인문 환경을 교과통합적으로 접근하는 지역자원의 콘텐츠 개발과 활용방안 연구는 보이지 않지만, 연구지역 내의 신태인읍 화호리를 중심으로 이종주·이정훈(2015)에 의해 보고된 '문화콘텐츠적 의의'에서 화호리에 남아 있는 식민 잔재들의 건축물보다 그곳에서 살았던 사람들의 기억과 삶에 중심을 두어야 한다는 접근은 본 연구에서 담아내야 할 요소가 된다.

군산의 일제강점기 건축물과 전주 한옥마을을 중심으로 한 이상현·이종오(2018)의 연구는 도시 안의 독립된 공간에 분포하는 역사·문화유산을 대상으로 도시재생이라는 사업과도 연계하고 있는 측면에서 동진강 유역에 분포하는 일제강점기 수리시설 및 건축물들이 콘텐츠로 개발되고 한편 김영순(2006)의 연구는 개발된 지역분화콘텐츠의 교육적 활용 면에서 직접 현장에서 활용되는 경우가 아닌 디지털문화원형의 영상콘텐츠 자료를 실내에서 간접적으로 접근하는 방식의 연구였다. 이는 현장에서 체험하기 어려운 상황에서 동진강 유역의 콘텐츠를 영상콘텐츠로 재생산하여 학교 안이나 실내에서 활용할 수 있도록 하는 방안으로, 본 연구의 향후 지속되어야 할 과제를 제시해준다.

선행연구에서 주목할 부분은 서강선(2016)이 결론을 맺은 "미래의 콘텐츠는 융복합으로 문화 따로 역사 따로 테마 따로 문학 따로 나머지 등등 개별이나 별도로 할 수가 없으며 융복합으로 아울러야 한다"는 부분이었다. 이는 본 연구자가 시도하는 지역자원의 콘텐츠 개발에서 자연지리 환경과 인문 환경을 교과통합적인 관점에서 접근하려고 하는 맥락과 상통하는 것이다.

선행연구의 사례연구를 통해 이번 연구에서 동진강 유역의 자연지리 환경과 인문 환경을 통합적으로 접근하여 지역자원의 콘텐츠 개발 및 교육적으로 활용할 수 있는 방안에 대한 연구의 시도는 그 의의가 크다고 할 수 있다.

3장. 자연지리 환경과 인문 환경

자연지리 환경과 지역자원

동진강 유역은 동진강 주변의 하천의 물이 모여 흘러드는 주위의 지역을 말하는데 동진강 본류, 정읍천, 원평천, 고부천, 넓게는 신평천 등으로 이루어져 있다. 동진강 유역 안에 분포하는 하천들은 대체로 북서 방향으로 흘러서 동진강 하구에서 대부분 합류된다. 다음 페이지 상단에 제시하는 그림을 통해 동진강 유역에 분포하는 하천들의 수계를 쉽게 알아볼 수 있다.

동진강 유역 안의 하천들의 상류지역은 대체로 이 지역의 남동 방향에 위치하는 섬진강 수계와 경계를 이루고 있는데, 이는 이 경계부를 따라 두 유역을 나누는 호남정맥이 북동-남서 방향으로 지나가고 있기 때문이다. 이웃하고 있는 금강 유역이나 섬진강 유역이 산지로 둘러싸여 있어 분수령이 뚜렷한 것과 달리 동진강 유역은 분수령이 뚜렷하지 않은 특징을 보인다. 유역의 출발 부분인 상류지역 남동 부근에서는 분수령이 뚜렷한 반면, 중류와 하류 부근에서는 구릉이나 평야 등으로 이루어져 있어 분수령이 뚜렷하지 않다. 동진강 유역을 정의하는 산줄기들을 쉽게 알 수 있도

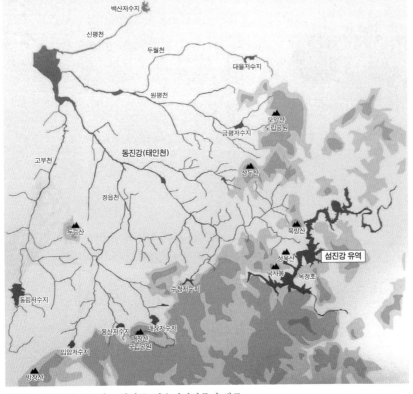

동진강 유역 안에 분포하는 하천들. 정읍시립박물관 제공.

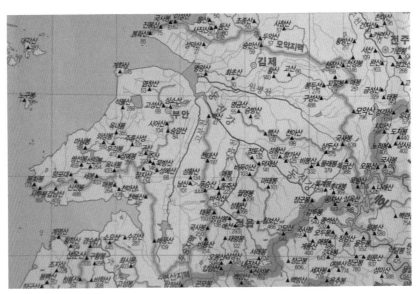

동진강 유역 주변의 산줄기와 하천. 「대한민국 산경도」, 2010, 박성태.

록 대한민국 산경도 지도를 제시하였다.

　　동진강 유역은 "유역 면적이 1,000.4km²이고 간선 유로 길이는 40.9km로 한강과 비교하면 유역 면석은 약 4%, 유로(流路) 길이는 약 8%에 지나지 않는다."❶ 이는 해당 유역 안의 농업에 수자원의 약점으로 작용한다. 이 부분은 고대 수리시설인 벽골제, 조선 후기 만석보, 일제강점기 쌀 수탈의 중심지였던 이 지역이 가지는 역사성에서 그 단면을 살필 수 있다. 동진강 유역의 이러한 지형적인 특성은 유역을 둘러싸고 있는 산줄기에 의한 것인데, 대표적인 산줄기들은 산경표(山經表)❷와 신산경표❸를 기준으로 할 때 호남정맥, 모악지맥, 두승지맥, 변산지맥 등으로 이루어져 있다. 이들 산줄기에 대한 내용은 콘텐츠 개발 단계에서 상세하게 다루어진다.

　　동진강 유역에서 본류를 이루고 있는 태인천의 상류로부터 동진강 하구까지 이르는 구역의 지질학적 특징을 살펴보면 상류지역인 호남정맥과 모악지맥의 구간에서는 "중생대 트라이아스기의 엽리상화강암,❹ 중생대 백악기의 화산쇄설암이나 화산암류가 지배적으로 분포하고 있다. 특히 백악기 화산암류와 응회암 같은 화산쇄설암 등은 동진강 중류와 하류 지

---

❶ 유대영, 앞의 글, 35.

❷ 『산경표(山經表)』는 조선 시대 영조 때 여암 신경준이 편찬한 것으로 알려진 조선의 산맥 체계를 도표로 정리한 책을 말한다. 우리나라 옛 지도에 나타난 산맥들을 산줄기와 하천줄기를 중심으로 파악하여 산맥 체계를 대간 · 정맥 · 정간 등의 표현으로 백두대간과 연결된 14개의 정간 · 정맥으로 집대성하였다. 『산경표』는 고토 분지로 등 일본 학자들이 우리나라의 지질 구조선에 바탕을 두고 분류한 근대 산맥 체계보다 현 산세 줄기를 따라 산세를 파악함으로써 지역 구분은 물론 유역 구분 등 생활권 구분에 더욱 가깝고 현실적인 준거를 제시하고 있다. 『Basic 고교생을 위한 지리 용어사전』, 2002, 신원문화사.

❸ 『신산경표』는 전통지리 개념인 〈산경표〉의 족보식 기술방법을 현대 지도를 바탕으로 재구성한 책이다. 한반도의 모든 산줄기와 임의의 두 산의 관계를 쉽게 파악할 수 있도록 일목요연하게 정리하였다. 박성태, 2010, 『조선매거진』.

❹ 1924년 일제강점기 조선총독부 지질조사소에서 발행한 전주도폭에서는 중생대 백악기 편상화강암으로 기재하고 있다.

동진강 유역의 지질도. 한국지질자원연구원의 지질도를 연구자가 편집함.

역의 기반암을 이루고 있는 중생대 쥬라기의 화강암 이후에 분출한 것"[5]으로 동진강 유역의 호남평야와 섬진강 유역의 산악지역을 구분짓는 중요한 요소이다.

반면 동진강 유역의 하류지역은 지질도 상의 김제도폭에서 그 지형적인 특징을 살펴볼 수 있다. 김제도폭에 의하면 이곳의 지형은 "풍화에 약한 쥬라기 화강암류가 전역에 걸쳐 분포하므로 저구릉지로 구성되어 있다. 평탄지 군데군데 나타나는 표고 30~50m 정도의 매우 낮은 독립된 언덕과 산들이 출현한다. 이와 같은 지형적 돌출지는 전형적인 노년기 지형에서 보이는 잔구(殘丘) 구조로 생각된다"[6]고 기술하고 있다. 지표에 노출된 화강암은 초기 지하 깊숙한 곳에서의 생성과 이후 융기 등의 지각변

[5] 송교영 외, 정읍도폭 지질조사보고서(1:50,000)[한국지질자원연구원, 2013], 19-20.
[6] 김유봉 외, 김제도폭 지질조사보고서(1:50,000)[한국지질자원연구원, 2012], 4.

동 과정을 보여주는 암석으로 풍화에 약해 깎여 나가고 평탄화가 되어 호남평야가 되는 데 큰 배경이 된다.

　　동진강 유역을 형성하는 지리적 특성과 지질학적 특성은 이곳 "호남평야가 침식평야, 하성평야, 해성평야 등으로 구성되는 배경이 된다."[7] 또한 국내 최대 평야인 호남평야의 부족한 수자원의 태생적 한계로 인해 고대 시기로부터 현대에 이르기까지 이를 극복하기 위하여 끊임없이 수리시설을 설치해오면서 인간이 자연환경과의 관계에서 그 한계를 극복하기 위하여 어떠한 노력을 해왔는지를 보여주는 곳이기도 하다. 그 수리시설은 이 지역에서 역사적 사건이 발생하는 배경이 되었는데, 대표적인 것이 만석보와 동학농민혁명, 일제강점기 쌀 수탈을 위한 운암제와 낙양리 취입수문 건설 등이 그 예이다. 자연지리 환경이 인문 환경 형성의 배경이 되었다는 것을 알 수 있는 대표적인 곳이 이곳 동진강 유역이다.

인문 환경과 지역자원

동진강 본류의 상류로부터 하구의 새만금간척사업 현장까지 이르는 구간에는 정읍시 산외면·칠보면·태인면·신태인읍, 김제시 부량면과 죽산면, 부안군 백산면과 계화면 등 3개 시의 행정구역이 포함되어 있다. 이 지역에서 찾을 수 있는 인문 환경에 해당하는 지역자원을 수리시설, 문화유적, 역사적 사건과 인물, 문학 등 네 가지 범주로 나누어 추출하면 다음과 같다.

　　첫째, 수리시설 영역의 자원은 동진강 유역 너머의 섬진강 유역에 운암제와 섬진강 다목적댐, 운암취수구, 칠보취수구 등이 있으며, 호남정맥을 넘어와서 동진강 유역에 수직갱과 조압수조, 극동 소수력발전소, 구 운

[7] "한민족문화대백과"(http://encykorea.aks.ac.kr/Contents, 검색일: 2018년 12월 11일)

암발전소, 칠보수력발전소, 동진강 도수로, 산성정수장, 낙양리 취입수문, 김제간선수로, 정읍간선수로, 만석보유지, 벽골제, 청호저수지, 청호양수장, 계화도방조제, 새만금방조제 등이 있다.

둘째, 문화유적 영역의 자원은 섬진강 유역의 옥정호 주변에 전봉준 장군 피체지, 김개남 장군 은거지와 피체지, 한말 호남의병 유적지 등이 있으며, 동진강 유역 상부에는 김개남 장군 고택과 묘소, 동곡리 전봉준 장군 주거지, 김명관 고택, 무성서원, 태산사, 시산사, 정극인 영모재, 태인 피향정, 피향정 비석군, 태인향교, 태인동헌, 태인 성황산 동학농민혁명 전투지, 낙양리 일원종시백파비, 동진농조기념비, 신태인역, 서지말 도정공장 터, 도정공장 창고, 만석보유지, 벽골제, 구마모토 농장창고와 가옥, 다우에 농장 사무실, 동학혁명 백산창의념비, 계양사 등이 있다.

셋째, 역사적 사건과 인물 영역 자원은 태산군수 최치원, 계유정란과 정극인, 동학농민혁명과 전봉준·김개남·김덕명·손화중·최경선 등의 지도자, 을사늑약 이후 태인의병의 최익현과 임병찬, 계양사의 전우, 일제강점기 식민지 정책과 동진강 유역 농업수탈 등을 꼽을 수 있다.

넷째, 문학 영역 자원은 정극인의 『상춘곡』, 작자 미상의 『정읍사』, 조정래의 『아리랑』, 아리랑 문학관과 아리랑 문학마을 등을 꼽을 수 있다.

이상과 같이 동진강 유역 본류를 따라 분포하는 인문 환경 영역의 지역자원을 수리시설, 문화유적, 역사적 사건과 인물, 문학 등의 영역으로 구분하여 인문자원을 추출하였다.

콘텐츠 개발 영역 설정

자연지리 환경과 인문 환경의 영역에서 추출된 각각의 지역자원을 교과 통합체험학습의 내용구성 모델의 다섯 가지 영역으로 범주화시키면 다음과 같이 나타낼 수 있다.

영역	지역자원
국제관계와 시대정신·사명	**국제 및 동북아시아의 정세와 한반도 상황** – 자주정신의 함양과 남북교류 – 분단 극복과 자주통일
역사와 인물	**동학농민혁명, 태인의병, 경술국치 이전 항일의병, 일제강점기 수탈** 김개남, 김동수, 임병찬, 최익현, 최치원, 정극인, 신잠, 김영상, 홍범식, 조규순, 조병갑, 전봉준, 김덕명, 손화중, 최경선, 구마모토 리헤이, 다우에 다로, 김철수, 이영춘, 전우
사회·문화	**동진강을 따라 인류가 남긴 문화** 운암제와 운암발전소, 김명관 가옥, 무성서원, 상춘곡, 피향정, 낙양리 취입수문과 백파제, 만석보, 벽골제, 소설『아리랑』과 아리랑 문학관, 동학혁명 백산창의비, 청호저수지, 계양사, 계화도 간척지, 새만금 간척지와 방조제
지리적 사고	백두대간·금남호남정맥·호남정맥 등의 산줄기가 금강·만경강·동진강 유역을 나누는 분수령 역할, 모악산·성황산·백산·계화산의 역할, 동부 산악지대와 서부 평야지대의 지형적 특성, 동진강 유역의 수자원 부족 초래의 원인
자연생태	지질시대 중생대 지각변동과 화강암 분포, 백악기 화산활동과 안산암·응회암의 분포 – 평야와 산지 구분 배경

교과통합체험학습 내용구성 모델에 적용한 동진강 유역의 지역자원. 연구자 작성.

동진강 본류 주변에서 추출된 다양한 지역자원 중에서 콘텐츠로 개발하기 위한 자원만 재선정한 뒤 위 그림에서 제시한 다섯 가지 영역을 동진강 유역이 가지는 지역자원의 특성을 고려하여 세 가지 영역으로 축약하여 분류하였다. 그것은 자연지리 영역, 수리시설 영역, 역사·문화 영역 등이다. 자연지리 환경에서는 '자연지리 콘텐츠'로 이름하고, 지질·암석과 관련된 '지질 콘텐츠'와 유역 내의 산줄기와 물줄기를 내용으로 하는 '지리 콘텐츠'로 구분하였다. 인문 환경에서는 수리시설, 문화유적, 역사와 인물, 문학 등 네 가지 범주에서 콘텐츠 개발을 위한 지역자원을 추출하였는데, 이들 중 문화유적, 역사와 인물, 문학 등을 통합하여 '역사·문화 콘텐츠'로 이름하였다. 따라서 인문 환경에서는 '수리시설 콘텐츠'와 '역사·문화 콘텐츠'의 두 가지 영역으로 나누었다. 이들을 표로 나타내면 다음과 같다.

구분	지역자원 영역	콘텐츠 분류		콘텐츠 수
자연지리 환경	지질, 암석, 지각변동	지질 콘텐츠	자연지리 콘텐츠	4개
	지형, 산줄기, 수계, 물줄기	지리 콘텐츠		6개
인문 환경	수리시설, 문화유적, 역사적 사건과 인물, 문학	수리시설 콘텐츠		14개
		역사 · 문화 콘텐츠		15개

자료: 동진강 유역의 자연지리 환경과 인문 환경에서 각각 지역자원을 추출한 뒤 세 가지 영역의 콘텐츠로 분류. 연구자 작성.

영역별 콘텐츠 선정

동진강 유역의 자연지리 환경에서 지질 · 암석과 지각변동 영역의 지역자원은 섬진강 유역과 동진강 유역을 나누어놓은 화산활동과 그 결과물인 지형의 형성을 확인할 수 있는 지질 콘텐츠를 개발하고자 하였다. 지리 콘텐츠는 유역 남동부의 산악지형과 북서부의 평야지형에 의해 형성된 수계와 동진강 유역을 결정하는 산줄기를 이해할 수 있도록 하였다.

　인문 환경에서는 수리시설, 문화유적, 역사적 사건과 인물, 그리고 문학 영역 등에서 추출된 지역자원 중에서 자연지리 환경과 연결되거나 동학농민혁명, 항일의병, 일제강점기 등의 역사적 사건과 관련된 것들만 콘텐츠로 개발하고자 하였다. 다만 두 가지 요소를 충족하더라도 개발 이후 현장 적용단계에서 동선을 고려하여 중심 이동로에서 너무 떨어져 있는 자원의 경우는 콘텐츠 개발에서 제외하였다. 지역자원을 자연지리 환경과 인문 환경으로 구분하여 개발하고자 하는 콘텐츠들을 표로 정리하면 다음과 같다.

콘텐츠 영역		콘텐츠 명
자연지리 콘텐츠	지질 콘텐츠	마암리 안산암, 운암리 회문산응회암, 정량리 촛대봉편상화강암, 무성리 복운모화강암
	지리 콘텐츠	호남정맥, 모악지맥, 변산지맥, 원평천 유역, 정읍천 유역, 고부천 유역
수리시설 콘텐츠		운암제, 운암취수구와 방수구, 수직갱(조압수조), 운암발전소, 칠보수력발전소, 동진강 도수로, 낙양리 취입수문, 예동보와 만석보, 김제간선수로, 벽골제, 청호저수지, 계화도 간척지, 새만금 간척지, 운암제 너머 새만금방조제
역사 · 문화 콘텐츠		임병찬 창의유적지, 김개남 장군 고택 터와 묘역, 무성서원과 태인의병, 춘우정 김영상 순국투쟁, 태인향교와 태인동헌, 피향정, 피향정 비석군, 동학혁명군의 성황산 전투, 신태인 등록문화재, 화호리 일제강점기 수탈 현장, 소설『아리랑』과 아리랑 문학관, 동학혁명 백산창의비, 간재 선생 유지, 백세청풍비와 지식인, 계화산 통일봉화

자료: 연구자가 작성한 〈표 2〉의 세 가지 콘텐츠 영역에 본 연구에서 개발하고자 하는 콘텐츠를 분류하였다. 연구자 작성.

제2부
콘텐츠 개발

4장. 자연지리 콘텐츠-지질 콘텐츠

5장. 자연지리 콘텐츠-지리 콘텐츠

6장. 수리시설 콘텐츠

7장. 역사 · 문화 콘텐츠

4장. 자연지리 콘텐츠 - 지질 콘텐츠

콘텐츠 개요

동진강 유역은 동진강 하구로 강물이 흘러나오는 집수구역 전체를 말한다. 이 유역은 북으로부터 신평천, 두월천, 원평천, 동진강, 정읍천, 고부천 유역들을 포함한다. 동진강 유역은 유역 안에 있는 산줄기에 의해 정의되는데, 이들의 관계를 한눈에 볼 수 있도록 다음 페이지 상단 그림에 제시하였다.

　동진강 유역을 만들어주는 산줄기들은 지구 탄생 이후 지질학적 사건에 의해 결정되었는데, 산줄기 속을 이루고 있는 암석을 통해 그 사건들을 읽어낼 수 있다. 동진강 유역의 자연지리적 특징은 이 지역 안의 인문환경 형성에 지대한 영향을 주었다. 농사지을 땅 면적에 비해 수자원이 부족하여 이곳에서 살아가는 사람들의 생활문화 속에서 부족한 물을 갈구하는 염원이 곳곳에 배어나올 수밖에 없다. 따라서 동진강 유역 지역자원의 콘텐츠 개발에 자연지리에 대한 이해는 필수적일 수밖에 없다. 자연지리 영역의 콘텐츠는 지질 콘텐츠와 지리 콘텐츠로 구분하여 개발하였다.

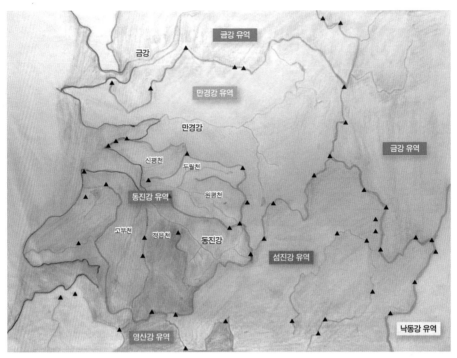

동진강 유역의 지류 하천들과 동진강 주변 큰 강들의 유역. 연구자 작성.

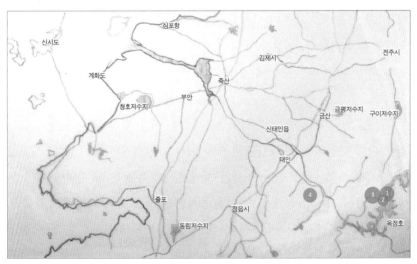

지질 콘텐츠 개발 위치도. 연구자 작성. ① 마암리 안산암, ② 운암리 회문산응회암, ③ 정량리 촛대봉편상화강암, ④ 무성리 복운모화강암.

　　　　　　지질 콘텐츠 개발의 범위는 섬진강 유역과 동진강 유역의 경계부 지역으로 제한하였다. 지질 콘텐츠의 분포지는 앞 페이지 하단 그림에서 볼 수 있듯이 연구지역의 동남부에 제한적으로 분포하는 것을 알 수 있다. 이 경계부 지역은 유역의 동남부에 해당하는 호남정맥의 산줄기 부근이다. 이 지역의 호남정맥을 구성하고 있는 암석들은 대부분 화산암류나 화산 쇄설성 암석이다. 지질 콘텐츠를 개발하고자 하는 의도가 고대 시기로부터 동진강 유역의 물 부족 원인이 지형적인 특징에서 비롯되었음을 찾고자 함이다. 이곳의 지형적 특징을 형성하게 한 배경이 중생대 백악기 화산 활동과 관련이 있는데, 이 활동의 증거를 두 유역의 경계부에서 찾아내는 데 주안점을 둔 것이 지질 콘텐츠이다. 지질 콘텐츠는 임실 운암면과 정읍 산외면 · 칠보면 사이의 4개 지역을 선정하여 암석의 변화를 담아내고자 하였다. 지질 콘텐츠의 이름은 해당 암석이 위치하고 있는 행정구역상의 '리' 이름을 기준으로 삼았으며, 마을이름 뒤에 암석명을 붙여서 표현하였다. 아래 그림은 이 지역 지질도 위에 나타낸 지질 콘텐츠의 분포도이다.

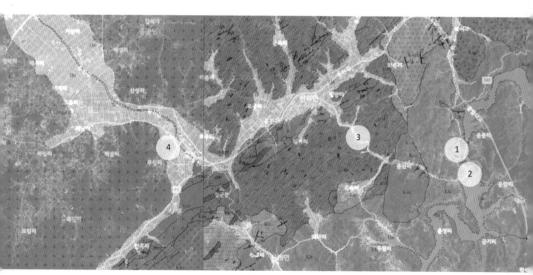

지질도 상에 나타낸 지질 콘텐츠 분포도. 한국지질자원연구원 지질도 위에 연구자가 추가 작성. ① 마암리 안산암, ② 운암리 회문산응회암, ③ 정량리 촛대봉편상화강암, ④ 무성리 복운모화강암.

마암리 안산암 콘텐츠 위치는 임실군 운암면 마암리 산 236-14번지 내에 있는데, 마암초등학교 부근으로 옥정호를 바라볼 수 있는 곳이다. 마암리 안산암을 볼 수 있는 위치에서 산길로 올라서면 여우치마을에 도달한다.

안산암은 "안산암질 화산에서 흐르는 용암류로 만들어지는데 현무암 다음으로 많은 화산암이다. 중성 화산암으로 보통 55~65%의 실리카를 함유한다. 세립질이며 흔히 반상조직인 암석이다. 기질에 놓여 있는 반정은 보통 백색의 판상 장석결정, 혹은 흑운모, 보통 각섬석, 보통 휘석이다"[1]라고 기술하고 있다. 이 암석이 분포하는 곳은 섬진강 유역이다. 이 안산암은 이곳으로부터 북동쪽으로 임실군 신평면 호암리까지 약 13.6km에 이르고, 남동쪽으로 임실군 청웅면 향교리까지 약 8.2km 분포한다.

동진강 유역과 섬진강 유역의 경계인 호남정맥 구간에 화산암류인 안산암이 중생대 백악기에 분출 또는 관입으로 형성되면서 서부의 구릉성 산지와 동부의 산악지역을 나누는 역할을 하였다. 마암리 안산암(Kan) 좌측으로는 회문산응회암(Kh)이 분포하고 있음을 지질도 상에서 구분할 수 있다. 1966년 발행된 갈담도폭의 기술에서는 "이 안산암은 주변의 진안분지의 퇴적암을 덮으며 자신은 남서변의 회문산응회암에 덮이고 일부 중서부 지역에서는 석암반암에 의해 관입 피복된다"[2]고 주변 암석과의 관계를 밝히고 있다.

---

[1] 크리스 펠란트, 사공희 옮김, 암석과 광물(서울: 두산동아, 2005), 199.

[2] 홍만섭 · 윤선 · 길영준, 지질도폭설명서(갈담 1:50,000)[상공부국립지질조사소, 1966], 10-11.

마암리 안산암 지질 콘텐츠 위치 전경. 2018년 12월 14일 촬영.

마암리 안산암.
2018년 12월 14일 촬영.

운암리 회문산응회암

동진강과 섬진강을 가르는 분수령이 되는 호남정맥의 산줄기에 어떤 암석이 분포하는지는 이 지질 콘텐츠에서 중요한 요소이다. 왜냐하면 호남평야와 동부 산악지역을 나누는 열쇠를 가지고 있기 때문이다. 이곳은 행정구역상으로 정읍시 산외면과 임실군 운암면의 경계지역인데, 그 구획선이 이곳을 북에서 남으로 잇는 호남정맥이다. '운암리 회문산응회암' 콘텐츠를 개발하는 곳은 임실군 운암면 운암리 761-4번지 내 도로 우측 절개지이다.

운암리 회문산응회암 지질 콘텐츠 위치 전경. 2019년 2월 7일 촬영.

운암리 회문산응회암.
2014년 6월 25일 촬영.

운암리 회문산응회암은 호남정맥의 산줄기를 이루고 있는 암석이다. 이 회문산응회암이 동진강 유역과 섬진강 유역을 가르고 있다. 응회암은 화산분출이 상공으로 솟아올랐다가 다시 지면으로 내려와 쌓여서 된 암석이다. 그러므로 응회암이 존재한다는 것은 화산활동을 전제로 한다. 회문산응회암은 순창의 회문산에서 유래한 것으로, 그곳에 이 암석이 집중적으로 분포한다. 이 회문산응회암은 운암대교가 시작되는 지역에서부터 정읍산 내 능교 부근까지 옥정호의 북서편 전역에 분포하는데, 이 구간으로 호남정맥의 산줄기가 지나간다. 이 암석은 운암리 안산암보다 나중에 생성되었다. 다음 내용은 갈담 지질도폭 설명서에 실린 회문산응회암에 대한 글이다.

이 암층은 지역 남서를 중심으로 지역에서 가장 광범위하게 분포되는 것으로 정읍 산내면, 임실군 강진면 일대를 점하여 전 도폭의 1/4 이상의 면적을 차지한다. 회백색 또는 황회색의 용결된 조면암질 또는 안산암질의 응회암으로서 그 대부분은 회갈색 또는 회록색을 띠는 석영안산암의 각력을 함유하는 라필리 응회암(Lapilli tuff)이다.[❸]

이 암석은 관찰지에서 북동-남서 방향으로 호남정맥을 따라 약 21km, 분포 전 범위의 중심부에서는 북서-남동 방향으로 약 13.6km를 차지하는데, 옥정호가 되기 전에 이 지역을 흐르던 운암강은 이 암석층 내에서 북에서 남으로 흘렀다. 주변에 분포하는 안산암이나 유문암보다는 생성시기가 이르고, 낙천리층보다는 오래되었다.

정량리 촛대봉편상화강암

옥정호 주변의 호남정맥을 따라 형성된 화산활동에 의한 응회암이나 화산암류는 평야지대의 기반을 이루고 있는 화강암과 달리 동부지역의 산악지역과 지형적으로 구별짓게 만드는 역할을 하였다. 정량리 촛대봉편상화강암은 평야지대의 중생대 쥬라기 화강암과 산악지역의 화산암류 사이에 분포하는 특징을 보인다. 정량리 촛대봉편상화강암은 서부와 동부의 지형을 결정하는 암석의 점이지대에 분포하여 평야지대와 산악지대의 중간 부분에 위치하여 콘텐츠로 개발하고자 하였다. 정읍시 산외면 정량리 1184-21번지 내의 공간을 설정하였는데, 이곳은 도로변 우측에 암석의 노두가 비교적 선명하게 나타나는 구간이다. 일정한 공간이 확보되어 실

---

❸ 위의 책, 13.

정량리 촛대봉편상화강암 지질 콘텐츠 위치 전경. 전북교육연수원 중등체험학습 프로그램 개발
연수, 2014년 11월 21일 촬영.

정량리 촛대봉편상화강암.
2014년 10월 7일 촬영.

습을 할 수 있다. "이 암석은 비교적 편상구조가 잘 발달한 편상각섬석 흑
운모화강암이며 촛대봉 일대의 분포지에서 그 북변은 설옥리층을 관입하
고 남변은 회문산응회암과 낙천리층에 의하여 부정합으로 덮인다. 현미경
하에서 주성분 광물은 석영, 장석, 흑운모, 녹니석 등이다."❹

　1966년에 조사 보고된 갈담 지질도폭 설명서에는 이 촛대봉편상화
강암을 시대 미상으로 기재하고 있다. 하지만 촛대봉편상화강암이 설옥리

❹ 홍만섭 · 윤선 · 길영준, 위의 책, 8.

층을 관입하고 회문산응회암에 의해 부정합으로 덮이는 관계에서 볼 때 중생대 백악기에 생성된 회문산응회암보다는 오래되었고 설옥리층보다는 시기가 이르다. 그런데 2013년에 조사 보고된 정읍도폭에서는 이 촛대봉편상화강암을 쥬라기 엽리상 각섬석-흑운모화강암으로 명명하였다. 따라서 정량리 촛대봉편상화강암의 차후 암석명은 엽리상 각섬석-흑운모화강암으로, 생성 시기는 중생대 쥬라기로 수정될 것으로 예상된다.

무성리 복운모화강암

섬진강 유역 옥정호 부근에서의 지질 콘텐츠 개발을 시작으로 호남정맥을 넘고 동진강 유역으로 들어와 정량리에서 촛대봉편상화강암을 살펴보고, 호남평야의 기반을 이루고 있는 중생대 쥬라기의 화강암지대를 살펴보고자 한다. 무성리 복운모화강암이 위치하는 곳은 정읍시 칠보면 무성리 산15번지 내이다. 무성서원이 자리한 뒷산을 이루고 있는 암석이 복운모화강암이다.

쥬라기 복운모화강암은 정읍도폭의 중부와 북동부 지역에 폭넓게 분포한다. 이 화강암이 정읍도폭에서 가장 넓은 분포를 보이는 암상이며, 김제 지역으로도 연장 분포한다. 대부분 중립질이나 지역에 따라 부분적으로 세립질 또는 조립질 입도를 보인다. 신선한 노두에서는 유백색을 보이나 풍화면에서는 옅은 홍색을 띠는 담황색이며 외견상 전반적으로 균질한 암상을 보이는 괴상으로 산출된다. 이 암석의 생성 시기는 대략적으로 1억 7천만 년 전으로 보고 있다.[5]

---

[5] 송교영 외, 앞의 책, 19-20.

무성리 복운모화강암 지질 콘텐츠 위치 전경. 후송정 주춧돌이 있는 곳에 노출된 암석이다.
2018년 12월 14일 촬영.

칠보 무성리 후송정에 분포하는
무성리 복운모화강암. 엷은 홍색을
띠는 장석을 포함하고 있다.
2018년 12월 14일 촬영.

이 복운모화강암과 같은 중생대 쥬라기 화강암류들이 호남평야의 기반암을 이루고 있다. "호남평야는 파랑상(波浪狀)의 준평원과 강 유역의 충적지, 서해안 지역에 발달한 조석(潮汐)평야 등 세 가지 원인 제공으로 이루어진 저위성(低位性) 평원으로 정의된다"[6]고 하는 데서 볼 수 있듯이 이 호남평야 준평원은 동진강 유역의 동남쪽 호남정맥을 이루고 있는 고지대와 대조를 이룬다.

❻ "두산백과"(http://terms.naver.com/entry.nhn?docId=1163494, 검색일: 2018년 11월 11일)

호남정맥 주변의 암석 분포도. 한국지질자원연구원 지질도에 연구자가 추가 작성.

이 네 곳의 지질 콘텐츠에 동진강 유역 본류의 수자원이 부족한 근원이 화산활동에 의한 지형적인 특징과 관련이 있음을 담고자 하였다. 동진강 유역의 남동부에 화산활동에 의한 화산쇄설물이 쌓이면서 고지대가 형성되었고, 서부 평야 쪽으로 급격한 경사를 이루며 바로 평야로 이어지는 지형이 수자원을 넉넉하게 확보할 수 없게 한 것이다. 호남정맥의 산줄기를 경계로 서로 다른 양상을 보이는 암석 분포 상황을 전체적으로 살펴볼 수 있도록 위 그림에 제시하였다. 북동-남서 방향으로 이어지는 호남정맥의 산줄기를 경계로 북서쪽에는 호남평야를 이루고 있는 복운모화강암이나 촛대봉편상화강암 같은 중생대 쥬라기 화강암류가 주를 이루고 있으며, 남동쪽에는 산악지형을 이루고 있는 안산암이나 회문산응회암 같은 중생대 백악기 화산암류와 화산쇄설성 암석들이 분포하고 있음을 알 수 있다.

5장. 자연지리 콘텐츠 - 지리 콘텐츠

콘텐츠 개요

동진강 유역을 구분짓는 것은 이 유역을 둘러싸고 있는 산줄기들이다. 본 연구에서 동진강 유역은 본류인 동진강과 동진강의 남서쪽에 분포하는 지류인 정읍천, 고부천과 북쪽에 분포하는 원평천, 신평천을 그 범위로 한정하였다. 지류 하천의 유역을 구분하는 것은 수리시설을 이해하는 데 중요한 요소가 되므로 그 지류하천의 유역을 나누는 작은 산줄기들을 파악하는 것이 필요하다. 지리 콘텐츠에 사용된 산줄기 용어들은 『산경표(山經表)』와 『신산경표』❶의 분류를 따랐다. 산맥 개념으로는 하천의 유역을 설명하기가 어렵지만, 『산경표』나 『신산경표』의 산줄기 개념을 도입하면 동진강 본류를 포함한 지류 하천들의 유역까지 명확하게 구분할 수 있다. 또한 동진강 유역과 이웃하는 만경강, 금강, 섬진강 등의 유역들과의 구별에

---

❶ 박성태, 신산경표(서울: 조선매거진, 2010), 546.

우측의 호남정맥에 의해 동진강과 경계를 이루며 흘러가는 운암강. 2015년 10월 3일 촬영.

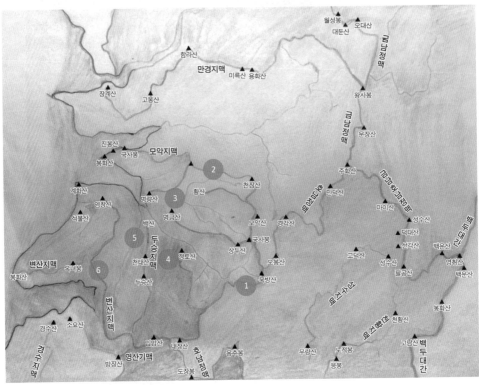

동진강 유역 지리 콘텐츠 분포도. 연구자 작성. ① 호남정맥, ② 모악지맥, ③ 원평천 유역,
④ 정읍천 유역, ⑤ 고부천 유역, ⑥ 변산지맥

도 『산경표』나 『신산경표』에서 체계화한 산줄기가 효과적이다. 호남정맥,
모악지맥, 원평천 유역, 정읍천 유역, 고부천 유역, 변산지맥 등 6개 지리
콘텐츠의 위치를 위 그림에 제시하였다.

호남정맥

동진강 유역을 형성하는 산줄기 중에서 그 중심이 되는 산줄기가 호남정
맥이다. 유역 남동부에서 섬진강 유역과 경계부를 형성하고 있는데, "장수
영취산에서 달려온 금남호남정맥이 주화산(珠華山, 600m)에서 갈라져 북으

옥정호의 마근댐 위로 호남정맥의 산줄기가 지나간다. 2018년 12월 14일 촬영.

로는 금남정맥으로, 남으로는 호남정맥으로 분리된다. 전주 동부 산악지역에서 시작하여 묵방산을 거쳐 내장산을 지나 전라남도 장흥을 지나 영산강 유역과 섬진강 유역을 갈라 광양 백운산(白雲山)에서 끝나는 산줄기의 옛 이름을 말한다."❷

　　『산경표』에 근거를 둔 호남정맥의 출발에서 끝나는 구간은 이 산줄기를 기준으로 물줄기들이 나누어진다. 전주 동부에서는 만경강 유역, 동진강 유역 상부의 동남부 산악지역에서는 섬진강 유역, 남부에서는 영산강 지류인 황룡강 유역과 경계를 이룬다. 위 사진에 보이는 중간 부분의 석축은 마근댐으로, 1965년 섬진강 다목적댐이 건설되면서 만경강의 지류하천인 삼천천과 섬진강의 경계에 해당하는 호남정맥의 산줄기에 건설한 것이다. 보통 높은 산 위에 분수령이 지나가는데, 이곳에서는 도로 위에서 호남정맥의 산줄기를 밟아볼 수 있다. 또한 산줄기에 의해 수계가 나누어지는 모습을 관찰할 수 있는데, 직접 물을 붓는 방법을 활용하면 된다.

❷ 박성태의 『신산경표』에 실린 지도를 토대로 연구자가 부가 설명을 하였다.

모악지맥

동진강 유역의 북쪽 경계를 구분짓는 산줄기가 '모악지맥'[3]이다. 옥정호 묵방산 부근에서 시작되는 모악지맥을 아래 제시된 지도에서 쉽게 찾을 수 있다. 모악지맥은 이 산줄기 상에 있는 모악산의 이름을 따서 붙인 것인데, 북으로는 만경강 본류와 경계하고 동으로는 만경강의 지류인 삼천천과 경계한다. 이 산줄기는 호남정맥의 묵방산에서 북으로 갈라져나와 국사봉, 모악산, 매봉, 천잠산, 승반산, 국사봉, 진봉산, 봉화산으로 이어지며 그 끝을 맺는다. 모악지맥이 출발하는 곳은 동진강 유역을, 국사봉에서 승반산에 이르는 동안은 원평천 유역을, 승반산을 지나서는 신평천 유역을 경계하는 산줄기이다. 모악지맥은 동진강 유역을 북동 방향에서 북으로 이어지며 만경강 유역과 구분짓는 중요한 산줄기이다. 묵방산 북쪽에

신운암대교 동편 언덕에서 바라본 호남정맥 묵방산. 묵방산의 오른쪽 부근에서 모악지맥이
시작된다. 2018년 12월 14일 촬영.

[3] '모악지맥'이라는 용어는 『산경표』가 아닌 『신산경표』에서 정맥보다 작은 산줄기를 분류할 때
쓰이는 용어이다.

있는 마암리의 북서편 정상에서 북동 방향으로는 만경강의 지류인 삼천천, 남동 방향으로는 섬진강, 그리고 서편으로는 동진강 유역으로 나누어진다. 즉 섬진강, 농진강, 만경강 등 세 개의 하천 유역으로 나누어지는 곳이 모악지맥의 출발점이 된다.

원평천 유역

원평천 유역은 북쪽에서는 모악지맥의 승방산에서 남서쪽으로 김제 죽산을 향해 화초산, 명랑산으로 이어지는 산줄기에 의해 경계하고, 동으로는 주로 모악산에서 서쪽으로 향하는 작은 산줄기와 그사이에 분포하는 작은 하천들로 구성된다. 그리고 남으로는 모악지맥 국사봉에서 서쪽으로

김제 일대의 넓은 평야지대의 젖줄을 내어주는 모악산 전경. 2019년 2월 11일 촬영.

상두산, 천애산, 명금산으로 진행하는 산줄기 안을 집수구역으로 하는 공간이다. 원평천은 두월천을 지류하천으로 갖고 있는데, 이 유역의 하천과 논에서 사금을 채취하였다. 원평천 유역 안에는 수리시설 영역의 벽골제와 역사·문화 영역의 아리랑 문학관이 위치한다. 이 원평천은 동진강 본류 하구에서 합류된다.

2017년 11월 2일, 원평천을 따라가며 남긴 이야기를 옮겨본다.

수억 년 전 지구의 뒤틀림 속에 솟아오른 모악산! 그 높이에서 서쪽으로 걸릴 것 없이 독보적인 존재였을 당당함으로 서 있다. 언젠가 차오르는 바닷물을 바라보고서 넉넉한 여유로 사방천리를 감싸안았을 그 위풍, 곳곳의 사면에서 물을 내어 이 줄기 저 줄기 젖을 주어 평야를 적시던 그 모악산이다.

그중 두어 줄기 물길을 막아 호남 들녘 곡식을 살찌우던 벽골제가 바로 이 모악산이 내어준 물줄기를 막아 세운 것이다. 마한이라 백제라 그 뒤로 흘러흘러 피고름 짜내던 민초의 애환의 땅, 가뭄에 흉년에 말라버린 하천들을 원망하며 살아내던 모악산 서쪽 평야 사람들.

두월천, 금구천, 금산천, 원평천, 감곡천 등을 하나로 묶어내어 동진강에 엮어주던 그 원평천이 11월 초 산통을 끝내고 허허벌판으로 바뀌었다. 일제강점기 수탈의 피눈물을 받아내던 그 강이 아리랑을 보듬고 해방을 맞이했다.

억새랑 갈대랑 미역취랑 평화롭게 흘러가는 역사의 흐름에 꽃가루 뿌리듯 흐드러져 피어 있다. 오늘 두 물길이 세 번이나 만나는 원평천을 타고 서쪽으로 서쪽으로 향했다. 미륵신앙의 중심지 금산사 미륵전을 출발로 모악지맥에서 갈라지는 수류성당 앞의 물줄기를 그리며 그렇게 천천히 그리고 도도하게 내려가는 흐름을 타고 생명의 근원 물을 따른다.

강증산의 증산교와 정여립의 제비산, 원평 김덕명 장군의 넉넉함과 의열단원이자 광복군 지대장 이종희 장군의 구미란을 따라 그 물은 그렇게 또 역사를 보듬으며 흘러간다. 초처초교 북쪽 수백 미터에서 금구천을 받아들여 서쪽 바다로 흘러가는 원평천은 이어 조금만 더 서편으로 진격하면 정읍의 감곡면에서 북서로

김제 죽산 신흥리에서 홍산리를 연결하는 쌍궁교에서 동편 상류 쪽으로 바라본 원평천.
벽골제가 있는 중앙의 신털미산과 원평천을 내어주는 모악산이 저 멀리 희미하게 보인다.
2019년 2월 7일 촬영.

양진교에서 바라본 원평천과 감곡천의 합류지점. 2017년 11월 2일 촬영.

금정교와 하평교 사이 두물머리에서 바라본 원평천. 사진 좌측으로 김제에서 내려오는 두월천이
위치한다. 2017년 11월 2일 촬영.

달려와 사라지는 감곡천을 품어버린다.

넓지 않고 깊지 않지만 역사의 땅, 혁명의 땅, 호남평야를 적시는 원평천은 또다시 북에서 내려오는 두월천을 통 크게 포용한다. 그리고 벽골제의 그곳으로 흘러가 죽산에서 동진강에 그 많은 새끼 역사들을 넘겨주며 쉬러 간다. 용신앙과 미륵신앙, 후천개벽의 미래종교들을 품고 달려오는 원평천 안에는 고대로부터 근현대에 이르기까지 인류의 역사를 엮어왔다. 가을이 흐드러지게 핀 원평천 제방을 헤치며 오늘 강 따라 늙어가는 추억의 주름을 하나 더해본다. 우측 김제에서 내려오는 두월천을 합한 원평천이 저 멀리 서해바다로 동진강을 향해 달려간다. 그는 그것이 자신의 사명이기 때문이다. 죽산에서 동진강을 만나 서해로 드는 원평천 그는 참 역사가 깊은 품격 있는 녀석이다. 이 가을에 충분히 만나봄직한 강이 아니겠는가?

정읍천 유역

하천의 길이로 볼 때 동진강 유역에서 가장 긴 구간을 가지고 있어 본류가 아닌 발원지 지위를 가지고 있는 하천이다. 이 하천은 정읍시를 통과하고 있는데, 호남정맥의 내장산 까치봉에서 북서 방향으로 흐르다가 정읍시를 통과하여 북으로 수로의 방향을 전환하여 동진강 본류에 들어간다. 정읍천의 유역을 결정하는 산줄기들은 남으로는 호남정맥이, 동으로는 호남정맥의 국사봉에서 북으로 진행하여 칠보산을 지나 마태봉과 덕재산을 거쳐 동진강 본류 근처 정토산으로 이어지는 산줄기가 있으며, 서쪽으로는 호남정맥 까치봉에서 백암산 사이에서 분기하는 영산기맥에서 북으로 진행하여 비룡산, 국사봉, 망상봉, 두승산, 천태산으로 이어지는 두승지맥으로 이루어진다.

정읍천을 이루는 작은 하천들은 대부분 남에서 북으로 흐르는데, 이는 유역의 남쪽에 내장산이 있기 때문이다. 신태인 부근에서 동진강 본류

멀리 보이는 남쪽의 호남정맥 내장산에서 북쪽으로 흘러와 동진강에 합류되는 정읍천. 2014년 7월 7일 촬영.

에 합류되는데, 이 지점에 동학농민혁명의 기폭제가 되었던 수리시설 영역의 만석보와 예동보가 위치한다.

고부천 유역

동진강 유역에서 고부천은 동진강 하구 부근에서 합류하는 관계로 동진강 유역에 크게 영향을 미치지는 않지만, 동진강 유역을 구성하는 요소이다. "동진강 제2지류인 고부천은 신림면 도림리 무명산에서 발원하여 남서쪽으로 약 3km를 흘러 내려가서 신림면 송용리를 지나 북쪽으로 급회하여 흐르며, 약 6km 흘러 내려가서 좌안으로 가서 동림저수지로 유입한다. 성내면 덕산리를 지나 정읍시를 좌측으로 흐른 뒤 동진강과 합류한 뒤 부안군 동진면에서 동진강 하구에서 합류된다."❹

❹ "디지털고창문화대전"(https://terms.naver.com, 검색일: 2019년 1월 3일)

정읍 두승산에서 북으로 뻗어가는 두승지맥. 산줄기 우측이 정읍천 유역이고, 좌측은 고부천 유역에 해당한다. 2017년 7월 15일 촬영.

고부천의 상류지역에 위치하는 동림저수지. 2018년 6월 13일 촬영.

이 유역 안에 과거 호남의 3대 저수지 중의 하나인 눌제((訥堤)가 위치하였다. 지금은 부근에 동림제가 대신하고 있다. 고부천은 서쪽으로 변산지맥과 동쪽으로 두승지맥 사이를 북으로 흘러가다가 부안 백산 북서쪽에서 동진강에 합류한다. 이 고부천 유역 안에 부안 백산성이 위치하며, 이 백산성에 역사·문화 영역의 동학혁명 백산창의비가 있다.

변산지맥

동진강 유역을 구분짓는 산줄기들로는 북에서 북동으로 모악지맥, 북동에서 동으로 내려와 남쪽 일부까지를 호남정맥, 남쪽 일부에서 서해바다에 이르는 구간은 변산지맥 등이 있다. 이 변산지맥은 호남정맥에서 갈라져나오는 영산기맥의 입암산과 방장산 사이 쓰리봉 부근에서 북으로 진행하는 산줄기이다. 변산지맥을 내어주는 영산기맥은 지리적으로 중요한 위치를 차지한다. "호남정맥 상의 새재봉 분기점에서 출발하여 정읍 입암산, 노령, 고창의 방장산을 거쳐 목표 유달산에 이르는 158.1km 구간의 산줄기이다."[5] 이 영산기맥에 있는 노령(蘆嶺)은 일본인 고토 분지로(小藤文次郎)가 '노령산맥'[6]이라는 용어를 사용할 때 배경이 된 고개인데, '갈대가 있는 고개'라는 의미의 갈재의 한자 표기이다.

전북 고창의 심원에서 바라본 곰소만과 변산반도. 변산지맥이 우측에서 좌측으로 지나간다. 2017년 11월 9일 촬영.

[5] 박성태, 앞의 책, 546.

[6] 고토 분지로, 손일 옮김, 조선기행록(서울: 푸른길, 2010). 162-165.

변산지맥이 갈라져나가는 영산기맥 산줄기에 있는 호남터널. 터널을 통과하면 동진강 유역이다.
2018년 11월 30일 촬영.

변산지맥은 영산기맥에서 나와 두 가닥으로 나뉘어 북으로 진행하는
데, 동쪽으로는 두승지맥의 줄기가 되어 정읍 서쪽에서 북으로 두승산을
지나 천태산을 거쳐 부안 백산성으로 이어진다. 다른 줄기가 변산지맥으
로 흥덕을 지나 부안의 보안면을 지나 서쪽으로 변산반도를 가로지르며
격포의 봉화산에서 끝난다. 본 연구지역에 해당하는 계화도 간척지로 지
나가는 작은 산줄기는 이 변산지맥에서 갈라져 보안면 남포리 남포제에
서 주산면을 거쳐 부안읍 서쪽의 고성산을 지나 계화도 염창산에 이른다.
계화도에는 수리시설 콘텐츠인 청호저수지와 역사 · 문화 콘텐츠인 간
재 선생 유지인 계양사가 있어 각 영역별 스토리텔링으로 마무리되는 곳
이다.

6장. 수리시설 콘텐츠

콘텐츠 개요

동진강 유역의 콘텐츠 개발에서 수리 영역은 중요한 위치에 있다. 수리 영역은 자연지리 환경과 인문 환경이 유기적으로 연결되어 있어 통합적으로 접근해야 할 영역이다.

자연지리 환경을 인간의 이익에 맞게 이용하고자 하는 것 중의 하나가 수리시설인데, 동진강 유역의 수자원 부족을 다른 수계 유역의 물을 끌어들여 극복하고자 일제강점기에 이 유역 안에 설치한 운암제나 낙양리 취입수문 같은 수리시설들이 그 예이다. 그런 측면에서 동진강 유역은 섬진강 유역을 분리해서 생각할 수 없다. 수리시설 영역의 콘텐츠는 자연지리 환경과 인문 환경이 밀접하게 연계된 복합적이고 통합적인 측면을 내포하고 있다고 할 수 있다. 동진강 유역 안에서 콘텐츠로 개발하는 수리시설들의 위치를 84쪽 그림에 나타냈다.

동진강 유역의 수리시설과 관련된 역사는 먼저 고대국가 시기인 330년에 축조된 벽골제로 올라간다. 당시 해안선이 지금과는 달랐기 때문에

섬진강 다목적댐 건설로 생긴 옥정호. 좌측으로 나래산, 우측으로 묵방산이 보인다.
2018년 12월 14일 촬영.

벽골제를 세울 당시의 지형을 판단하기는 어려우나 두월천과 원평천이
합수되어 다시 원평천을 이루고 서쪽으로 내려오는 지점에 건설된 벽골
제는 거대한 수리시설이었다. 이곳에 고대국가 시기부터 제방을 건설한
것은 태생적인 수자원 부족 때문이었다. 이후 조선 후기 태인천과 정읍천

이 합수되는 부근에 세워진 기존의 예동보를 두고 또다시 동진강 본류에
보를 세워 동학농민혁명의 기폭제가 되었던 만석보 역시 이 유역의 수자
원 부족이 근원적인 출발이다.

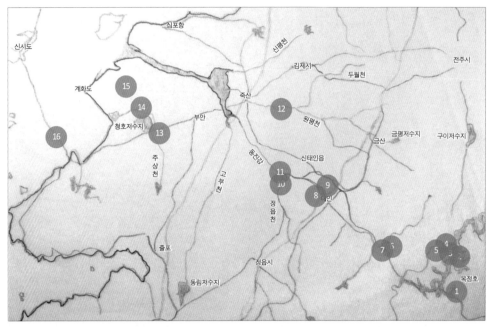

동진강 유역의 수리시설 분포도. 연구자 작성. ① 운암제, ② 운암취수구, ③ 조압수조 및 방수구, ④ 소수력발전소, ⑤ 운암발전소, ⑥ 칠보수력발전소, ⑦ 동진강도수로, ⑧ 낙양리 취입수문, ⑨ 김제간선, ⑩ 광산보, ⑪ 만석보, ⑫ 벽골제, ⑬ 청호저수지, ⑭ 청호양수장, ⑮ 계화도 간척지, ⑯ 새만금 간척지

일제의 쌀 식민지 정책

동진강 유역 안의 수리시설은 고대 시기의 벽골제, 조선 후기의 만석보, 일제강점기의 운암제를 비롯한 다수의 시설, 해방 이후 계화도 간척사업과 현재 진행 중인 새만금간척사업에 이르기까지 광범위하게 분포한다. 이 중에서 일제강점기에 설치된 수리시설은 다른 것과 달리 수탈 목적으로 설치된 것이어서 수리시설 콘텐츠에서도 그 중심에 두고자 하였다.

　　동진강 유역에 설치된 수리시설을 이해하기 위해서는 일제의 쌀 식민지정책에 접근해야 한다. "식민지 조선농촌은 일본 경제권 내에서 식량 공급기지로서 기능하고 있었다. 식민지라는 정치적 상황에서 지주층은 식

일제가 수탈하여 군산항 장미동으로 옮겨온 쌀. 제국주의 침략의 상징인 철로와 부잔교의 모습이 보인다. 2014년 11월 26일 군산항 장미동 야외 전시물 촬영.

민통치의 안정을 위한 체제유지의 동반자로 존재했다"❶고 한 것처럼 일제강점기의 조선총독부는 대지주들을 지원하여 조선의 농촌사회를 통치하였다. 특히 국내 최대의 호남평야가 자리한 동진강 유역에는 일본인 대지주들이 많이 존재하였다. 이들 대지주들이 수리조합을 조직하고 섬진강 유역의 물을 끌어와 동진강 유역에서 농업수탈을 추진하였기 때문에 댐 시설을 포함한 수력발전소 및 여러 수리시설이 등장하게 되었다.

조선에서 일제의 쌀 식민지 정책의 출발 배경을 들여다보면 러시아 볼셰비키 혁명이 자리한다. "러시아에서 볼셰비키 혁명 성공 이후 1918년 진행된 러시아의 적군과 백군 그리고 제국주의 간섭군 간의 전쟁이 발발하자 일본도 러시아에 출병하였다. 이때 일본 내부에서는 쌀 매점매석이 성행하여 쌀값이 폭등하면서 쌀 폭동이 일어나게 되자 식민지 조선에서 안정적인 쌀 공급을 위해 추진한 사업이 조선산미증식계획(朝鮮産米增殖計

---

❶ 정승진, "식민지지주제의 동향(1914~1945): 전북 益山郡春浦面土地臺帳의 분석", 한국경제연구 12(2004): 141.

畫)이다."❷ 그러므로 1920년부터 시작된 만경강과 동진강 그리고 전북 동부 산악지역을 중심으로 건설된 수리시설들은 세계사와 연결되는 역사·문화 콘텐츠로서 가치가 있다.

운암제

운암제는 동진강 유역 호남평야의 쌀 수탈을 위하여 일제가 섬진강에 건설한 일제강점기 수탈의 상징성을 가진 댐이다. 1922년에는 만경강 상류에 우리나라 최초의 근대적 댐인 대아저수지가 완공되었다. 동진강 유역에 찾아온 1924년의 대한발(大旱魃)은 이 지역의 많은 토지를 가지고 있던 일본인 대지주들이 동진수리조합을 창립하게 한 배경이 되었고, 동진강 유역의 수자원 부족을 해결하기 위하여 유역변경 방식으로 섬진강의

가뭄으로 바닥을 드러낸 옥정호. 전북영재교원 교과통합 체험연수. 2015년 10월 3일 촬영.

❷ 정태헌, 문답으로 읽는 20세기 한국경제사(서울: 역사비평사, 2010), 124.

운암제. 1929년 11월 준공된 운암호 기념비. 2015년 10월 20일 촬영.

운암제 기공과 준공이
기록된 표지석.
2015년 10월 20일 촬영.

물줄기에 운암제를 쌓고 운암호를 만들었다. 운암제의 기공과 준공에 관한 시기가 언급되는 자료마다 차이가 나지만, 대부분 "준공시기를 1928년 12월로 기술하고 있다."❸ 지난 2015년 10월 20일 극심한 가뭄 때 섬진강 다목적댐에서 약 2km 북쪽에 수장된 운암제가 그 모습을 드러냈다. 그 안에 세워진 기념비의 표지석에 적힌 기록에서 기공은 단기 '4258년(1925) 11월', 준공은 단기 '4262년(1929) 11월', 공사비 '금 205만 원'이라는 내용

❸ 운암제의 기공과 준공에 관한 기록은 여러 곳에서 서로 다르게 기술되어 있다.
『한민족문화대백과』에서는 1925년 3월에 착공, 1928년 12월에 준공하였다고 기술하고 있으며, 유대영(2001)은 1927년 12월에 완공되었다고 기술하였다.

을 연구자가 찾아냈다. 따라서 본 연구에서는 이를 근거로 하여 운암제의 준공시기를 1929년 11월로 기술하였다.

운암취수구와 방수로

임실군 운암면 운정리 굴등에 취수구를 설치하여 정읍 산외면 종산리 팽나무정 마을 남쪽 호남정맥을 뚫어 도수(導水)터널을 만들었다. 이곳 호남정맥의 산줄기는 남쪽으로 섬진강 유역에 해당하며, 산줄기 너머 북쪽으로는 동진강 유역에 해당한다. 하천의 물이 산을 넘어 다른 하천의 유역으로 이동한다는 것은 자연지형에 의해서는 일어나기 힘든 경우이다. 인위적인 목적에 의해 산속 암반의 도수터널을 통해 자연의 이치를 거스르고 섬진강 유역의 물이 동진강 유역 안으로 흐를 수 있게 된 것이다. 산줄기와 물줄기의 이치가 왜곡된 구간이라고도 할 수 있다. 호남정맥의 산속을 인위적으로 뚫어 수로를 만든 뒤 강제로 물을 보내는 이러한 형태를 무엇으로 분류하는지 모르지만, 섬진강의 발원지 데미샘에서 출발한 물이 동진강 수량의 대부분이라면 동진강의 발원지를 데미샘이라고 해야 하지 않을까. 이 구간은 중생대 백악기 회문산응회암이 분포하는 지역으로 화산폭발에 의해 공중으로 흩어진 화산재들이 쌓여서 이루어진 암석이다.

운암취수구와 방수구 사이의 수도는 "운암제 공사기간 중에 섬진강 유역 운암제의 물을 동진강으로 유도하는 터널인 운암수도(雲岩隧道) 공사가 1926년 2월부터 1927년 5월까지 이루어져 총길이 759m의 터널이 만들어졌다"[4]고 밝히고 있는 데 반하여 "운암취수구는 높이 3.18m에 폭이 3.2m로 원형취수구이다. 방수로는 정읍시 산외면 종산리에 위치하며 총

[4] 유대영, 앞의 글, 37.

89

운암제를 건설하면서 1927년 일제가 호남정맥을 뚫어 만든 운암취수구. 2018년 4월 21일 촬영.

운암취수구. 사진의 좌측 암반 하부 수면에 위치한다. 좌측 산줄기가 호남정맥이고 산줄기
너머는 동진강 유역이다. 2018년 4월 21일 촬영.

길이는 799m이다"❺라고 수도 길이를 서로 다르게 기재하고 있다. 운암취
수구는 암벽의 경사면에 위치하는 데다 옥정호 수면 아래에 있어서 배를

❺ 임실문화원, 운암의 역사문화(전주: 신아출판사, 2013), 76.

타고 호수에서 북쪽 산 사면을 바라보아야 관찰할 수 있다.

수직갱(조압수조)

옥정호에서 호남정맥의 암반을 뚫고 설치한 도수로를 통해 흘러들어간 물은 산 너머 운암방수로를 통해 동진강 유역으로 흘러간다. 방수로가 설치된 지역에서 30m 후방 지점에 하늘을 향해 커다랗게 뚫려 있는 원통형의 수조가 있다. '수갱' 또는 '수직갱'이라고 부르는데, 수로 상에 문제가 생겨서 흐름이 정지하는 경우 수격작용에 의해 발생하는 수압을 조절할 때 사용하는 장치의 하나로 보이며, 이곳에 설치된 수직갱은 방수로 서지탱크로 보인다. 수직갱의 위치에서 서편으로 또 하나의 수갱이 있는데, 이는 이곳의 하부에 설치된 운암발전소로 물을 보내기 위한 발전용 수로이다. 1985년 운암발전소가 폐쇄된 이후 이 발전용 수로는 더 이상 사용하지 않는다.

수직갱을 북쪽에서 남쪽으로 바라보면 멀지않은 곳에 산 정상을 볼 수 있다. 좌측에서 우측으로 호남정맥이 지나가는 산줄기이다. 보통 발원

수직갱과 호남정맥. 수직갱 우측으로 운암발전소로 보내던 수로가 있다. 2016년 1월 18일 촬영.

운암방수구 완공 모습. 뒤로 보이는 산줄기가 호남정맥이다. 출처: 동진강 스토리 100.

1927년 5월에 뚫었던 운암방수구, 빠져나온 물은 소수력발전소를 통과 후 동진강 본류로 들어간다. 2019년 3월 10일 촬영.

금남호남정맥의 천상데미 아래에 위치한 섬진강 발원지 데미샘. 2016년 6월 25일 촬영.

지를 '샘'이라고 부른다. 금강의 뜬봉샘, 섬진강의 데미샘, 만경강의 밤샘이 그 예이다. 그런데 이곳 수직갱 부분에서는 자연의 샘이 아닌 인공의 터널을 통해 엄청난 양의 물이 굉음을 내며 쏟아져나온다. 동진강의 강줄기를 채워주는 이 물은 동진강의 발원지에서 솟아나는 것이 아니다. 섬진강의 물이 인위적인 수로터널을 통해 유역을 변경하여 흘러나오는 것이다. 일제가 만든 인위적인 운암샘이라고 부르는 것은 어떨까. 정읍시 산외면 종산리 팽나무정 마을 남쪽에 자리한 수직갱에서 우리가 섬진강을 바라보아야 하는 이유가 있다. 이 물은 수탈의 목적을 위해 뚫은 수로를 통과한 것이었으며, 해방 후 계화도 간척사업과 전력생산을 위해 섬진강댐을 건설하면서 운암강을 터전으로 삼았던 수많은 사람을 타지로 떠나게 하면서 넘어온 물이었다. 지금 동진강 유역의 사람들, 아니 대한민국의 모든 사람을 먹여살린 계화도 간척지에 농업용수를 공급해주었던 바로 그 물이다. 그러니 섬진강의 발원지 데미샘을 생각하고 운암강 사람들의 애환을 잊지 말아야 한다. 이곳 수직갱에서 일제가 만든 콘크리트 구조물만 보지 말고 데미샘과 운암강의 의미를 되새기며 '숲으로 가는 학교'[6]의 생태주의 철학을 가슴에 담아보면 좋겠다.

운암발전소

2015년 10월 20일 연구자가 운암호 기념비 표지석에서 찾은 기록을 근거로 1925년 11월 기공하여 1929년 11월에 준공된 운암제의 물은 고지대에 저수지가 형성되어 지대가 낮은 동진강 유역으로 수계를 바꾸어 높은 낙차를 이용하면 수력발전이 가능한 구조였다.

　　"동진강의 표고가 57.6m인 데 비해 운암제의 만수위 표고는 172.7m[7]로

---

[6] 연구자가 창안해낸 '숲으로 가는 학교'는 9개 교실로 구성되어 있다. 즉 제1교실 지각과 기반암, 제2교실 모래와 흙, 특별교실 흙과 풀 사이, 제3교실 풀과 야생화, 제4교실 나무들의 이야기, 제5교실 숲, 제6교실 물과 수서생태계, 제7교실 숲과 동물, 제8교실 숲과 사람, 제9교실 숲과 사상이다. 숲으로 가는 학교에서는 근본생태주의에서 사회생태주의를 터득하는 데 목표를 두고 있다. 아울러 교과통합체험학습의 밑바탕에 있는 사상이기도 하다. 뒷부분 8장 콘텐츠 스토리텔링에 '숲으로 가는 학교' 구성도를 실었다.

[7] 2018년 12월 14일 정읍시 옹동면 산성정수장의 계기판에는 섬진강댐의 수위가 해발 192.07m를 가리키고 있었는데, 이는 저수율 69.2%일 때 값이다. 운암제보다 섬진강 다목적댐의

1985년 폐쇄된 운암발전소. 2019년 2월 7일 촬영.

운암발전소. 2014년 6월 25일 촬영.

운암발전소 옛 모습. 출처: 동진강 스토리 100, 정읍시립박물관.

낙차가 최대 115.1m에 이른다. 풍부한 유량과 큰 낙차는 운암제에서 용수 공급 이외에 수력발전을 가능하게 하였을 뿐만 아니라 이후 섬진강 다목 적댐을 건설하는 원동력이 된다. 1929년 남조선전기주식회사에 발전사

높이가 상대적으로 어느 정도인지를 가늠할 수 있게 해준다.

폐쇄된 운암발전소 조압수조와 송수관 흔적. 2019년 3월 10 촬영.

업 승인이 났고 이 회사와 동진수리조합 간의 발전용수 사용계획이 이루어진 1931년 10월에 유효 낙차 77.02m, 발전 용수량 최대 $4.17m^3/s$, 시설 용량 2,560kW의 발전시설을 갖춘 운암발전소가 준공되었다."[8]

운암발전의 옛 모습을 볼 때 운암발전소 뒷산으로 연결된 발전소 수로를 통과해온 물은 조압수조를 거쳐 송수관으로 내려와 발전기로 들어가는 구조를 가지고 있다. 시설용량 2,560kW 2대를 설치하였다고 하였는데, 송수관이 하나만 보인다. 이는 송수관이 발전기가 있는 곳으로 내려오면서 두 개로 갈라지는 구조이기 때문이다.

2014년 6월 25일부터 동진강 유역의 수리시설을 조사하던 중에 운암발전소 건물 뒷부분에서 찾은 송수관의 모습은 나무들에 가려져서 구조가 잘 보이지 않았다. 늦가을이나 겨울철에 관찰해야 그 모습을 자세하게 관찰할 수 있다. 위 사진의 폐쇄된 운암발전소 송수관의 뒷부분에 보이는 건물이 조압수조 공간이다. 칠보에 있는 칠보수력발전소가 1985년 3월에 제3호기를 준공하여 운암발전소에서 생산하던 전력을 대체하였는

[8] 유대영, 앞의 글, 37-38.

데, 이에 따라 노후된 운암발전소는 폐쇄하기에 이르렀다.

칠보수력발전소

물을 막은 댐은 섬진강에 있는데, 그 물의 낙차를 이용하여 발전을 하는
발전소는 동진강에 위치한 칠보수력발전소이다. 인근 산외면에 위치한 운
암발전소를 두고 일제는 왜 또 칠보발전소를 설립하고자 했는지 발전소
가 세워진 배경과 그 과정을 살펴본다.

"남조선전기주식회사(이하 남전)와 동진수리조합 간에 용수계약을 맺
고 있어 남전 측은 동진수조에 용수대금을 지불하며 또한 용수 시기도 제
한을 받았다. 1938~1939년에 극심한 가뭄으로 일시 발전을 중단하게 되
고 발전 제한 수위가 40척 2촌에서 53척 3촌으로 제한하게 되자 남전 측
은 독자적으로 하류에 신댐을 계획하게 된다. 섬진강댐 신설은 그 목적이

칠보수력발전소 송수관. 2017년 4월 19일 촬영.

1957년의 칠보수력발전소
모습. 출처: 동진강 스토리
100, 정읍시박물관.

농업용수의 관개와 함께 날로 늘어나는 전력수요에 의한 발전을 위함이
었다. 1940년 운암제 하류 2.4km 지점에 새로운 댐 건설공사를 착공했으
나 2차 세계대전의 영향으로 중단되었다."[9] 송수관이 세 개인 현재의 칠
보수력발전소와 칠보취수구가 처음 완성된 시기는 다음 기록을 통해 확
인할 수 있다.

1943년 남조선전기주식회사의 모든 사업은 조선전업주식회사에 인계되었
고 1944년 2차 세계대전 막바지에 물자와 인력난으로 인해 운암제의 확장사업은
중단되었으나 1940년에 착공된 칠보발전소는 1945년 4월에 준공되었다. 이때
직경 3.4m, 길이 6,215m의 칠보수도(七寶隧道)를 뚫어 유효낙차 136m, 최대통수
량 10.96m³/s을 확보하였다. 이는 운암발전소와 비교할 때 낙차는 약 1.8배, 발전
효율은 2배, 발전용량은 5.6배 큰 규모였다.[10]

이 기록을 통해 '섬진강 수력발전소'로 불렸던 칠보발전소의 출발은

[9] 정읍시박물관 · 전북대학교무형문화연구소, 천년의 물길에 깃든 삶과 이야기(정읍: 하나칼라,
2015), 69.
[10] 유대영, 앞의 글, 38.

1965년 완공된 섬진강 다목적댐. 2019년 2월 13일 촬영.

칠보수도와 함께 일제강점기인 1945년 4월에 완성되었음을 알 수 있다. 이것이 섬진강 수력발전소 제1호기이다. 섬진강 수력발전소는 섬진강댐 건설과 병행해서 추진되었는데, 이 댐이 완공되기까지는 어려움이 많았다. 그 과정은 다음 기록에서 확인할 수 있다.

> 섬진강댐은 1939년에 발발한 제2차 세계대전으로 인해 착공 후 4년여 만에 1차 공사 중단이 되었고 1948년 8월에 재착공하였으나 시공 중에 한국전쟁으로 또다시 중단되었다. 이후 1961년 8월 제1차 경제개발 5개년 계획의 일환으로 건설부에 의해 재착공하여 1965년 12월 20일에 준공되었으며 상류의 운암제는 이로 인해 수몰되었다.[11]

섬진강 유역에서 이 댐이 건설되는 과정에서 호남정맥 너머 동진강

---

[11] 임실문화원, 옥정호 이야기 풍경을 담다(전주: 신아출판사, 2014), 12-13.

유역의 칠보에서는 수력발전기가 추가로 설치되었는데, "제1호기 옆에 설비용량 1만 4,400kW의 제2호기를 증설, 1965년 12월 준공함으로써 설비용량은 2만 8,800kW로 증가했다. 이후 제3호기에 대한 증설을 1983년 9월 착공, 1985년 3월 준공하여 설비용량은 다시 3만 4,800kW가 되었으며, 저수용량 4억 3,832만m³, 유효낙차 151.7m를 이용하여 프랑스 수차 3대를 설치, 연간 1억 8,000만kWh의 전력을 생산, 호남지역에 공급하고 있다."[12] 이 유역변경식 발전소는 건설 초기에 '칠보발전소'라는 이름으로 출발하였다가 중간에 '섬진강수력발전소'로 변경되었는데, 지난 2018년 4월 다시 '칠보수력발전소'로 거듭났다.

동진강 도수로

1963년 계화도 간척사업이 진행되는 과정에서 1965년에 섬진강 다목적 댐이 완성되었고, 이어서 1969년 8월 6일 동진강 도수로 통수식이 진행되었다. 계화도 간척지 내 계화간척농업단지에 세워진 기념비에 쓰인 사업의 연혁기록에 의하면 동진강 도수로는 1963년 3월 2일 착공하여 1969년 6월 준공되었다. 섬진강 유역의 강을 막아 댐을 만들고 유역을 변경하여 동진강으로 물을 보낸 뒤 그 물을 이용하여 칠보발전소에서 전기를 생산하였다. 수력발전을 하고 나오는 물을 계화도 간척지로 직접 보내기 위해 건설한 도수로가 동진강 도수로이다. 총연장 67km, 폭 4m의 간선수로는 계화도 돈지저수지로 보내기 위한 수로이다. 이 수로는 지면에 노출되어 있기도 하고 산을 뚫어 만든 터널 구간도 존재한다. 계화도 간척지에 생명을 불어넣어 우리나라 쌀 생산의 대전환을 가져오게 한 젖줄이 동

---

[12] "네이버 지식백과"(htt://terms.naver.com/, 검색일: 2018년 12월 13일)

칠보발전소에서 출발하는 동진강 도수로. 사진의 전면으로 향하는 수로이다. 2014년 11월 21일 촬영.

동진강 도수로 칠보 송산마을의 산속 터널 구간. 칠보면 시산리 476-3번지. 2016년 11월 9일 촬영.

진강 도수로여서 그 의의가 크다.

낙양리 취입수문

1925년 일제에 의해 축조된 섬진강의 운암제와 정읍 태인면 낙양리 동진강에 1926년 4월에 착공해서 1927년 5월 준공한 취입수문은 호남평야의 쌀 수탈을 위한 핵심적인 수리시설이다. 준공 당시 공사비는 17만 8천 원이었다. 이곳 낙양리에서 김제간선은 폭 22m와 높이 2.5m로 59km 구간, 정읍간선은 폭 5m, 높이 1.8m 폭으로 29km 이어져 있다. 시설의 설치로 17,602ha 농경지에 물을 공급하여 한해의 악순환에서 벗어나게 하였다. 이 낙양리 취입수문의 탄생과 더불어 '물의 날'을 지정하여 농사철을 맞이해 물을 열어주는 통수식이 열렸는데, 일제강점기인 1927년을 시작으로 2018년 기준 91회째 이어져오고 있다. 이를 기념하기 위한 기념비가 낙양동산에 세워졌는데, '일원종시백파(一原從是百派)'라는 비문은 한 갈래의 물이 백 갈래로 퍼져나간다는 뜻을 가지고 있다. 이 비석의 하단부에는 '물의 날'을 기념하여 1981년 당시 동진농지개량조합장이었던 정재송

낙양리 취입수문. 2014년 7월 7일 촬영.

의 시를 새겨놓았다.

> 한 근원 섬진강 물줄기 구천리 수로(水路) 타고
> 백갈래로 퍼져가니 호남평야 젖줄이라.
> 세세년년(歲歲年年) 풍년들어 새 생명이 약동(躍動)하니
> 물의 날을 지정하여 영원토록 기념하리.

　기념탑 뒷면에는 이 갑문을 건설한 일본 기술자들의 이름이 새겨져 있다. 당시 일본인은 이 낙양리의 동진강 물이 호남을 충분히 적셔 그들의 대륙침략의 발판이 마련되기를 기원했을 것이다. 비에는 착공연도와 준공연도 및 총공사비를 기록해놓았는데, 공사비는 17만 8천 원이라고 기록되어 있다. 오늘날로 치면 얼마나 되는지 계산해보았다. 1924년에 쌀 한 가마니 값이 5원 30전이었다고 하니 쌀로 치면 약 33,585가마에 해당하고, 오늘날 쌀 한 가마니 값을 약 20만 원으로 계산하면 67억 원 정도가 들어간 셈이다. 이러한 거금을 들여 한민족의 근대화를 위하여 착한 일 하자고 일제가 수고한 것이 아님은 자명하다.

일원종시백파비(一源從是百派碑).
2014년 7월 7일 촬영.

낙양리 취수공 건설 안내 표지판. 착공: 서기
1926년 4월, 준공: 서기 1927년 5월, 공사비 금
17만 8천 원. 2014년 7월 7일 촬영.

예동보와 만석보

동진강 유역 수자원의 태생적 결핍은 일제강점기 수탈의 상황에서나 조선 후기 동학농민혁명의 기폭제가 되었던 만석보 사건의 상황 때나 크게 다를 바 없었다. 넓은 평야에 부족한 수자원은 늘 갈등의 불씨를 키우고 있는 환경이었다.

일제강점기인 1927년에 준공한 낙양리 취입수문과 1892년 조병갑(趙秉甲)이 기존의 보를 두고 새로 조성한 만석보는 수탈이라는 공통점을 가지고 있다. 비록 수탈의 주체가 국적을 달리하지만, 물을 막아 독점하고자 하는 본질은 같다.

조병갑이 새로 조성한 만석보는 정읍천이 동진강 본류에 합류되는 지점의 아래쪽에 위치하였다. "본래 정읍천이 동진강에 합류되기 전의 지점에 배들평 농민들이 설치하였던 보는 예동보 또는 광산보라고도 불렀는데, 가뭄이 심해도 이 보에서 물을 끌어다 쓰는 배들평은 흉년 없이 농

낙양리 취입수문에서 김제간선수로와 정읍간선수로에 물을 내어주고 내려오는 동진강의 본류.
근처에 만석보유지가 있다. 2014년 7월 7일 촬영.

만석보 주변의 물줄기. 동진강 본류는 우측 하단부가 상류이고, 좌측 상단부가 하류 방향이다.
좌측 아래에서 북으로 올라가는 물줄기가 정읍천이다. 네이버지도 위성사진, 2018년 11월 기준.

사를 지었다고 해서 만석보라고 불렀다."❸ 그런데 고부군수 조병갑의 행

태를 다음 기록에서 알 수 있다.

❸ 신복룡, 앞의 책, 92.

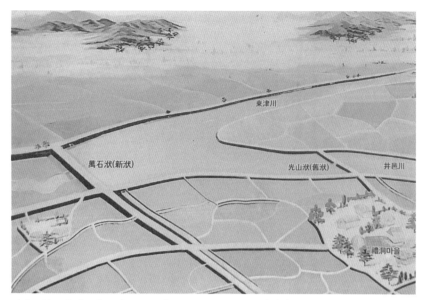

만석보 구보와 신보의 조감도. 1892년(고종 29) 고부군수 조병갑이 축조, 1894년(고종 31) 농민군이 혁파, 1898년(광무 2) 고부군수 안길수가 완전히 철거하였다. 2018년 5월 25일, 만석보유지 안내문 촬영.

　　고부군수 조병갑이 세금을 거두기 위해 만석보 바로 아래에 새로운 보를 일부러 쌓았다. 조병갑은 농민들을 강제로 징발하여 부역을 시키고 주인의 허락도 없이 수백 년 된 거목을 마구 벌목하여 썼다. 보를 쌓고 수세라 하는 명목으로 보세를 징수하였는데 1두락에 상답은 2두, 하답은 1두씩 받아 예동, 두전, 백산에 700여 석을 쌓아놓았다.[14]

　　생명수인 물과의 전쟁은 그렇게 이곳 호남평야의 갈증을 풀어내기 위해 지금으로부터 1,600년 전 벽골제로부터 시작하여 이곳 사람들이 해결해야 할 과제가 되어왔다. 조선시대 후기 정읍천과 동진강을 막아 세운 만석보는 당시의 시대적 모순의 곪은 상처를 건드렸고, 성장하는 민중의

[14] 정읍시박물관 · 전북대학교무형문화연구소, 앞의 책, 137.

인공적으로 조성한 전망대에서 바라본 동진강(우측)과 정읍천(좌측), 만석보 구보는 정읍천에, 조병갑이 세운 신보는 동진강에 있었다. 멀리 부안백산이 보인다. 2019년 3월 10일 촬영.

식과 맞물려 거대한 동학농민혁명의 촉발제가 되었다. 동학농민혁명이 실패로 끝나고 10여 년 뒤 이곳에서는 유생이 중심이 되어 항일의병투쟁을 이어갔으며, 경술국치 이후 민초는 일제의 농업수탈 환경에서 살아가야 했다.

운암제로부터 낙양리 취입수문으로 다시 김제간선수로로 연결되는 일제강점기 수리시설의 역사는 간척사업과 함께 민중이 겪어야 했던 험난한 삶의 여정이었다. 일제강점기 이전의 수리시설인 만석보 콘텐츠의 핵심은 동학농민혁명을 촉발시킨 만석보를 통해 이 시대 만석보와 같은 역할을 하는 것이 무엇인지 생각해보고자 하는 것이고, 더불어 동학농민혁명이 과거에 멈추어버린 역사가 아니라 그 정신을 계승해나갈 수 있어야 함을 담아내는 것이어야 한다.

오늘 만석보 유지 앞에서 우리 민족을 가로막은 거대한 보를 생각한다. 일제에 의해 원초적으로 형성된 분단과 함께한 그 보는 아직도 혁파되지 못해 민족의 피가 흐르지 못하고 썩어가고 있다. 오늘의 동학정신은 바로 분단의 보를 거두어내는 데 필요한 자주와 통일이 되어야 한다. 분단의

만석보 유지비(구보). 정읍천에 세워진 것으로 '예동보' 또는 '광산보'라 불렸다. 2014년 7월 7일 촬영.

조병갑이 세운 신 만석보 유지. 동진강 본류에 세워진 것으로, 비석 바로 우측에서 정읍천이 동진강에 합류한다. 저 멀리 신태인의 모습이 보인다. 2014년 7월 7일 촬영.

보가 있는 한 이 시대의 사회적 병폐는 근원적으로 해결될 수 없다. 새로운 동학정신을 끌고 갈 지도자를 길러내어 남과 북의 오랜 대결과 분단 고착화를 녹여내는 일부터 시작해야 한다.

김제간선수로

낙양리 취입수문에서 갈라져나가는 김제간선수로는 일제강점기에 만들어진 것이다. 총연장 59km, 폭 22m, 높이 2.5m에 달하는 도수로는 이곳 낙양동산 앞을 출발하여 신태인 우령리를 지나 부량면 월승리 마을에서 우리나라의 고대수리시설인 벽골제 제방을 따라 직진하다가 용골마을에서 활처럼 휘어진다. 다시 김제시 부량면 용성리 신털미산에 와서 원평천 지하를 흐르다가 하중도(河中島)를 통과하여 신평천을 지나 김제 광활면 창제리 봉화산 앞에서 동진강 하구로 빠져나간다. 이 구간을 통과하면서 16,569ha의 드넓은 평야에 농업용수를 공급하고 있다.

낙양리 취입수문 앞 김제간선수로. 2014년 7월 7일 촬영.

    일제강점기 일본인 대지주들은 이 김제간선을 건설하면서 우리의 소중한 유산인 고대 수리시설인 벽골제를 파괴하였다. 근대 시기 일본제국주의가 쌀 수탈을 위하여 수리시설을 건설하면서 고대 시기의 벽골제 수리시설 제방을 따라 김제간선을 설치하였기 때문이다. 또한 이곳 낙양리에서는 폭 5m, 높이 1.8m의 정읍간선이 시작되는데 총길이는 29km이다.

벽골제

모악산의 서편 산줄기에서 내려오는 실개천들이 모여 만드는 두월천과 원평천이 만나서 하나가 되는 정읍시 감곡면 삼평리를 지나 북으로는 김제시 부량면 포교리에서 남으로는 부량면 월승리에 이르는 구간에 축조된 제방이다. 벽골제의 축조 시기는 『삼국사기』의 「백제본기」가 아닌 「신라본기」에 나타나는데, 신라 흘해이사금 21년(330)에 "처음으로 벽골지(碧

김제벽골제 장생거 수문. 전라북도 교원 연수. 2016년 11월 12일 촬영.

骨池)를 개착(開鑿)하니 언덕 길이가 1,800보(始開 碧骨岸長一千八百步)"[15]라는 기록이다. 이 시기는 백제 비류왕 27년에 해당한다. 이 기사를 통해 4세기 전 중반에 축조된[16] 벽골제를 통해 이 지역의 평야지대에 농업용수를 공급하기 위하여 대규모의 토목공사를 행했다는 것과 이 시기에 제방 축조 기술이 발달하였다는 것을 알 수 있다. 벽골제 발굴조사를 통해 이곳에 사용된 축조기술이 일본에도 전해진 것으로 알려지고 있는데, 그 내용은 다음과 같다.

누수로부터 제방이 훼손되는 것을 방지하기 위하여 최하단에 식물 부재를 까는 부엽공법을 채용하고 있으며 또한 부엽 위에는 토낭(흙덩이)과 점토를 번갈아 성토하고 상단부에는 인근 산에서 채취한 붉은색의 토사를 이용하여 제방을 축조하였다. 이러한 공법은 오사카의 사야마이케의 제방 축조에도 영향을 미친

[15] 김부식, 이병도 역주, 삼국사기 상(서울: 을유문화사, 2002), 58.
[16] 1975년 충남대학교 박물관 발굴조사에서 벽골제 축조 시기를 방사성 탄소연대측정으로 4세기임을 보고하였다.

발굴에 드러난 벽골제 제방 하부의 초낭 구조. 2016년 11월 12일 촬영.

것으로 밝혀져 일본 고대 제방축조기술의 원류가 곧 김제 벽골제였음을 보여주고 있다.[17]

연구자가 벽골제 콘텐츠에서 담아내고자 하는 것은 첫째, 330년 설치된 벽골제는 1925년 운암제 공사와 간척사업으로 이어지는 일제의 수리기술보다 약 1,600년 앞선 첨단의 토목기술이었다는 것이다.

둘째, 벽골제는 바닷물을 막는 방조제가 아니라 고고학적 발굴 결과와 태종시기 보수 기록을 통해 농업용수를 저장하는 저수지라는 사실이다.

한편 이 벽골제를 저수지가 아닌 바닷물을 막는 방조제라고 보는 견해는 식민지 근대화론과 맞닿아 있기 때문에 벽골제가 저수지라는 사실은 중요한 요소이다. 만약 방조제라면 당시 벽골제 밖의 서쪽은 바닷물에 잠겨 있거나 갯벌이 되어야 한다. 『신증동국여지승람』 김제군 조에 나타나는 벽골제의 기록에 그 위치와 수원(水原)을 알 수 있다.

[17] 최완규, 김제지역 고대 문화유산과 벽골제, 지역 고대역사 이해 활용연수, 2015, 31.

벽골제(碧骨堤). 군의 남쪽 15리에 있다. 물의 근원은 셋이 있는데, 하나는 금구현(金構縣) 무악산(毋岳山)의 남쪽에서 나오고, 하나는 무악산의 북쪽에서 나오며, 하나는 태인현(泰仁縣)의 상두산(象頭山)에서 나와 벽골제에서 같이 만나 고부군(古阜郡)의 눌제수(訥堤水)와 동진(東津)에서 합치고, 만경현(萬頃縣)의 남쪽을 경유하여 바다로 들어간다.[18]

허수열이 이영훈의 방조제 설에 대하여 "요컨대 벽골제 방조제 설의 핵심은 일본인들에 의한 개발을 적극적으로 평가하고 조선시대까지 조선인들에 의해 이룩되었던 농업개발을 최대한 무시해 버리는 그의 역사관에서 비롯된 것이다"[19]라고 하는 데서 볼 수 있듯이 벽골제가 방조제인지 저수지인지는 수리시설의 의미를 뛰어넘는 의미를 가진다. 벽골제가 바닷물을 막는 방조제가 아니고 제방 아래의 농토에 물을 공급하는 저수지의 제방이었음은 문헌기록에서 확인할 수 있다.

중수비(重修碑)에, "군의 남쪽 15리쯤 큰 둑이 있는데, 그 이름은 벽골(碧骨)이다. 이는 옛 사람이 김제(金堤)의 옛 이름을 들어서 이름을 붙인 것인데, 군도 역시 이 둑을 쌓게 됨으로 말미암아 지금의 이름으로 고친 것이다. 둑의 길이는 6만 8백 43자이고, 둑 안의 둘레는 7만 7천 4백 6보이다. 다섯 개의 도랑을 파서 논에 물을 대는데, 논은 무릇 9천 8백 40결(結) 95복(卜)이라 하니, 고적(古籍)에 적혀 있다. 그 첫째 도랑을 수여거(水餘渠)라고 하는데, 한 줄기 물이 만경현(萬頃縣)의 남쪽에 이르고, 둘째 고랑을 장생거(長生渠)라고 하는데, 두 줄기 물이 만경현의 서쪽 윤부(潤富)의 근원에 이르며, 셋째 도랑을 중심거(中心渠)라고 하는데, 한 줄기의 물이 고부(古阜)의 북쪽 부령(扶寧)의 동쪽에 이르고, 넷째 도랑을 경장거(經藏渠)라 하고, 다섯째 도랑을 유통거(流通渠)라고 하는데, 둘 다 한 줄기 물이 인의현(仁義

[18] 민족문화추진회, 신증동국여지승람 IV(서울: 민문고, 1989), 429.
[19] 허수열, "식민지근대화론의 주요 주장의 실증적 검토", 내일을 여는 역사 59(2015), 122.

縣)의 서쪽으로 흘러 들어간다. 다섯 도랑이 물을 대는 땅은 모두가 비옥하였는데, 이 둑은 신라와 백제로부터 백성에게 이익을 주었다. 고려 현종(顯宗) 때에 와서 옛날 모습으로 보수하였고, 인종(仁宗) 21년 계해년에 와서 증수(增修)하였는데, 끝내 폐기하게 되니 아는 이들이 이를 한탄하였다.[20]

벽골제가 방조제가 아닌 저수지의 제방이었음을 증명할 수 있는 또 다른 기록이 중수비에 나타나는데, 그 내용은 다음과 같다.

장생(長生)·중심(中心)·경장(經藏)의 세 수문의 옛날 돌기둥을 보수하였고, 수여(水餘)와 유통(流通)의 두 수문은 돌을 쪼개어 주춧돌로 삼고, 느티나무 기둥을 세웠다. 또 양쪽의 석주심(石柱心)이 움푹 들어간 곳에는 느티나무 판을 가로질러서, 내외로 고리와 쇠줄을 달아 나무판을 들어올리면 물이 흐르도록 하였으니, 수문의 넓이는 모두가 13자이요, 돌기둥의 높이는 15자이며, 땅속으로 5자나 들어가 있다.[21]

셋째, 원평천을 막아 설치한 벽골제는 고대로부터 이 지역의 수자원이 부족하였다는 것을 보여주는 증거가 된다.

넷째, 일제가 우리의 고대 수리시설인 벽골제의 제방을 파괴하고 그 제방을 따라 김제간선수로를 설치하였다는 것이다.

이 벽골제의 농업용수는 김제를 중심으로 북쪽의 만경현, 서쪽의 부안현, 남쪽 고부의 경계에 이르기까지 광범위한 농지에 공급하였다. 한편 벽골제는 용과 관련된 단야의 설화, 신털미산의 유래, 제주방죽 등의 이야기들을 포함하고 있다.

[20] 민족문화추진회, 앞의 책, 429-430.
[21] 위의 책, 430.

벽골제 수문 배치도. 왼쪽부터 수여거, 장생거, 중심거, 경장거, 유통거의 수문이 배치되어 있다.
출처: 전북문화재연구원, 김규정.

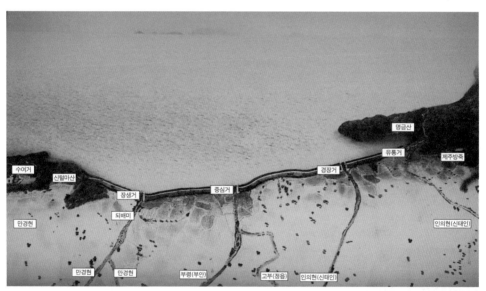

벽골제와 5개 수문의 배치 구조. 『신증동국여지승람』의 기록과 비교해볼 수 있다. 출처: 벽골제
안내문, 2016년 1월 18일 촬영.

벽골제 구간에 일제가 설치한 김제간선수로. 2016년 11월 12일 촬영.

청호저수지

부안군 개화면 의복리에 설치된 청호저수지는 1968년 3월에 공사를 시
작하여 1971년 12월 30일에 준공되었다. 이 저수지의 유역면적은 571ha,
만수면적은 439ha, 관개면적은 2,184ha, 총저수량은 18,925,000m³이다.
저수지의 제방은 5,335m, 높이는 6.56m, 계획 수심은 4.9m에 이른다. 호
남정맥 너머 운암강에 살던 사람들이 1965년 섬진강 다목적댐 건설로 이

청호저수지로 들어가는
동진강 도수로.
2014년 7월 7일 촬영.

북쪽에서 바라본 청호저수지. 2018년 11월 1일 촬영.

곳 계화도에 이주 정착하여 새로운 삶의 터전을 일궈낸 땅, 그 간척지에 생명수를 담아놓은 물창고가 청호저수지이다. 칠보발전소에서 전기를 생산하고 배출된 물이 총연장 67km, 폭 4m의 간선도로를 타고 흘러와 이곳 삼현마을에서 청호저수지로 들어간다. 청호저수지는 계화도 간척지 평야에 농업용수를 공급하기 위하여 인공적으로 축조한 방대한 규모의 저수지이다. 청호저수지 제당(堤塘) 주변에는 변산에서 북으로 흘러가는 주상천이 감싸고 있다. 저수지 동편에서 북으로 돌아 새만금 간척지 안으로 흘러가는 이 하천 위에 의복교가 놓여 있다. 이 다리 옆으로 부안군 하서면

계화도 간척지로 연결되는 도수로 청호양수장. 2018년 11월 1일 촬영.

계화도 간척지로 연결되는 주상천 위 도수로. 2018년 11월 1일 촬영.

청호리 산1-5번지에 위치한 청호양수장에서 나온 물은 콘크리트 수로를 타고 계화도 간척지로 들어간다.

계화도 간척지

한반도 서해안 바다 속의 섬이었던 계화도는 이곳으로부터 67km의 동진 강도수로를 통해 호남정맥 너머의 운암강 물을 공급받아 계화도 간척지로의 새로운 운명으로 설 수 있게 되었다. 자연환경의 한계를 극복하고자 하는 인류의 오랜 도전과 실험은 고대 시기로부터 물을 다스리기 위한 지혜의 축적을 가져왔고 급기야 벽골제, 만석보, 낙양리 취입수문, 동진강 도수로로 이어지며 보릿고개를 극복하게 하는 수리시설의 탄생으로 현대를 살아가는 우리에게 굶주림을 해결할 수 있게 하였다.

계화도 간척지는 산과 물, 강을 통해 발원지 상류에서 바다로 이어지는 하류까지의 자연의 순환 전체 과정을 인문학적 관점에서 바라볼 수 있는 복합적이고 통합적인 콘텐츠이다. 계화도 간척지에는 인공적으로 만든 조봉산에 오른쪽 페이지 하단 사진과 같이 계화간척농업단지비가 세워져 있는데, 이 비에는 다음과 같이 사업의 개요를 소개하고 있다.

1963년부터 1966년까지 3년 동안 제1방조제 9,254m, 1965년부터 1968년까지 3년 동안에 제2방조제 3,556m가 완공되었다. 다시 1968년부터 1978년까지 10년에 걸쳐 방조제 안쪽에 청호저수지, 동진도수로, 조포지구 · 개화지구 개답 및 취락건설사업 등이 완성되기에 이르렀다.

계화도 간척지 속에는 동쪽 호남정맥의 지질학적 특성과 이에 따른 지리적 특성을 함축하고 있는 자연지리적 환경과 이를 극복하기 위한 인류의 중단 없는 도전과 실천정신이 내재되어 있다. 또한 고대로부터 근대

계화도 간척지와 제1방조제. 좌측 중간에 청호저수지가 보인다. 2018년 12월 14일 촬영.

계화간척농업단지비. 2018년 11월 1일 촬영.

계화도 간척지 위성사진. 좌측 아래로부터 청호저수지, 제1방조제, 계화도, 제2방조제.
출처: 네이버 위성사진, 2018년 11월 1일 기준.

조봉산에서 바라본 계화도 간척지. 2018년 11월 1일 촬영.

를 거쳐 현대에 이르는 동안의 역사를 안고 있으며, 특히 그 역사 속에는 일제강점기 수탈의 아픔이 고스란히 녹아 있다. 해방 이후 굶주림과 가난의 극복이라는 국가의 목표에 맞춰 섬진강 다목적댐 건설로 운암강에 대대로 살아왔던 수많은 사람들이 고향 산천을 떠나 이곳 바다의 간척지로 이주하며 정착해내는 과정에서 말할 수 없는 고통과 애환이 계화도 간척지에 스며들어 오늘의 옥토를 이루는 밑거름이 되었다.

새만금 간척지

지역자원의 콘텐츠 개발에서 수리시설 영역의 마지막 단계에 위치하는 새만금 간척지 콘텐츠는 이 지역에 쌓인 과거의 역사와 오늘을 관통하여 미래를 담고자 하였다.

　동진강 유역의 역사·문화 콘텐츠와도 밀접하게 연결되는 새만금 간척지는 고대 시기인 330년 벽골제부터 시작하여 1892년 만석보, 일제강점기 운암제와 낙양리 취입수문, 1965년 섬진강 다목적댐 건설과 1977년 계화도 간척농업단지 조성 이후 1991년 11월 28일 출발한 새만금간척사업으로 그 긴 수리 역사와 함께 태어난 땅이며, 이 지역의 과거에서 현재 그리고 미래로 이어지는 수리 역사의 결정판이다.

　고군산군도의 물이 300리 밖으로 물러나면 이곳이 천년 도읍이 된다[정감록의 퇴조(退潮) 300리 설]. 정감록은 삼국시대부터 전승되어온 예언, 고려시대 그리고 조선시대에 전승되어온 예언서로 수도가 송악에서 한양으로, 한양에서 계룡산으로, 계룡산에서 가야산으로, 다음으로 서해의 고군산군도가 1000년 도읍지가 된다는 예언설이 있다. 이제 세종시까지 행정수도가 이전되었고, 다음은 고군산군도 중심의 새만금이 국제적인 천년 도읍지로 발전하게 되면 수도가 되지 않을까

33.9km에 이르는 세계 최장의 새만금방조제. 2019년 2월 13일 촬영.

계화도 제1방조제 위에서 바라본 새만금 간척지. 우측이 새만금 간척지이고, 좌측이 계화도 간척지이다. 2013년 5월 25일 최홍선 촬영.

예언하는 사람도 있다.[22]

새만금 간척사업은 부안에서 군산을 연결하는 세계 최장의 방조제 33.9km를 축조하여 간척토지 28,300ha와 호소 11,800ha를 조성하고 여기에 경제와 산업·관광을 아우르면서 동북아 경제중심지로 비상할 녹색

[22] "새만금개발청"(http://www.saemangeum.go.kr/, 검색일: 2018년 11월 14일)

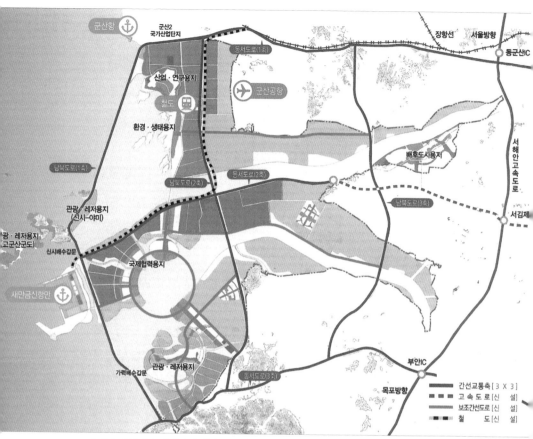

새만금 간척지의 기반시설 현황. 출처:『글로벌 자유무역 중심지 새만금』, 전라북도
새만금추진지원단 새만금개발과.

성장과 청정생태환경의 '글로벌 명품 새만금'을 건설하려는 국책사업을
말한다. 새만금 간척지의 미래 모습은 새만금 간척지의 기반시설 현황에
잘 나타나 있다.

　　새만금의 유래는 김제·만경평야를 일컬어왔던 '금만(金萬)'을 말을 바꾸어
'만금(萬金)'에 새롭다는 '새' 자를 붙여 '새만금'으로 명명한 것에서 비롯된다. 즉
김제·만경평야와 같은 새로운 광활한 땅이 만들어진다는 것을 함축하고 있다.
1987년 12월 10일 노태우 전 대통령이 "새만금사업을 최우선 사업으로 선정하여 임기 내 이룩히겠다"고 선거공약으로 발표하여 국책사업으로 추진되었다. 「새만금사업 촉진을 위한 특별법」이 2007년 12월 27일 제정되어 사업추진을 위한 법률적 뒷받침이 마련되었다. 새만금간척사업은 단군 이래 최대의 국토개발 사업이며 방조제 포함 전체 사업비 24조를 투입하여 40,100ha(여의도 면적 140배)를 1991년부터 2020년까지 단계적으로 개발하도록 예정되어 있다.[23]

오른쪽 첫 번째 사진은 공사가 진행 중인 새만금 간척지의 모습을 계화도 계화산에서 촬영한 것이다. 동진강 유역의 상류에서 하구에 이르기까지 광범위하게 분포하는 수리시설은 자연지리적 환경으로 인해 태생적으로 부족했던 물과 그 한계를 극복하고자 했던 인류의 노력의 산물이다. 다시 말하자면 자연지리와 인문이 거시적으로 통합되어 나타난 결과물이라 할 수 있다.

대한제국 멸망 후 일제강점기 수탈로 대변되는 이 지역은 운암제로부터 낙양리 취입수문, 김제간선 등의 각종 수리시설과 발전소 건설에 이르기까지 식민지 쌀 수탈과 전력생산을 위한 전초기지로 전락하는 역사를 간직하고 있다. 또한 해방 이후 우리의 힘으로 건설한 섬진강 다목적댐과 계화도 간척사업은 부족한 전력생산과 보릿고개를 극복하기 위한 국가의 식량생산 임무를 수행해왔다.

이제 동진강 유역은 서해바다로 그 영역을 더욱 확장하며 과거의 착취와 수탈의 역사를 밀어내고 국가의 녹색성장과 청정생태환경의 '글로벌 명품 새만금'을 건설하려는 국책사업지로 변모하고 있으며, 전라북도의 새만금이 아닌 미래 대한민국의 새만금이 되도록 온 나라의 역량과 마음을 함께 모아 성공적으로 마무리하여 역사에 길이길이 남을 수 있도록 해야 한다.

[23] 새만금홍보관 전시물을 연구자가 편집하였다.

비안도　신시도　야미도
무녀도　망주봉　방축도　횡경도

계화산에서 바라본 새만금 간척지. 2018년 12월 15일 촬영.

새만금홍보관에서 내려다본 새만금 간척지와 방조제. 2019년 2월 13일 촬영.

　　　자연지리와 인문의 통합적 요소를 담아야 하는 것이 새만금 간척지 콘텐츠이다. 새만금 간척 콘텐츠는 수리시설 영역의 콘텐츠로 분류하였지만, 과거의 역사와 현재 그리고 미래를 보듬어내고 있는 역사·문화 콘텐츠이기도 하다.

누가 알 수 있었으랴. 호남정맥 너머 운암강을 흘러 남해바다로 가야 하는 데미샘의 물이 운암취수구를 뚫고 동진강으로 향할지를. 누가 알 수 있었으랴. 내장산 추령고개를 떠나 남으로 다시 북으로 흐르다가 동으로 흘러 섬진강으로 가던 물이 칠보취수구를 뚫고 새만금방조제를 지나 서해바다로 향할지를 말이다.

1929년 11월, 임실군 강진면 옥정리에서 정읍군 산내면 종성리 사이로 흐르던 운암강을 막아 세운 운암제에 막혀 수로를 변경하여 정읍군 산외면 종산리 팽나무정 마을로 내려온 물은 1931년에 완공된 운암발전소의 전기를 생산해주었다.

산외면 동곡리 지금실 마을과 원동곡 마을에 살았던 전봉준 장군과 김개남 장군의 혁명의 열정을 길러냈을 동진강은 애초부터 갈증을 품고 살았다. 칠보면의 수력발전소에 도달한 동진강 물은 산내면 칠보취수구를 타고 약 6.2km의 여행을 한 뒤 수력발전을 통해 전기를 생산하고 방수된 물은 두 군데로 향하는데, 한 가닥은 계화도의 청호저수지를 따라 66km를 달려가고 다른 한 줄기는 산외면에서 내려온 몸집을 불린 동진강 본류에 합류된다. 운암취수구와 칠보취수구 두 곳에서 도수로를 타고 넘어온 섬진강의 물에 동진강은 왠지 멋쩍다. 강은 내 동진강이로되 물은 섬진강의 물이기 때문이다.

정읍의 칠보면 무성리 성황산을 좌측에 두고 근접하면, 강줄기 남쪽에 자리한 무성리와 시산리에 선비문화의 꽃을 피우게 한 인자요산(仁者樂山) 지자요수(知者樂水)[24]의 토양을 제공한다. 최치원의 유상곡수(流觴曲水), 정극인의 『상춘곡(賞春曲)』과 신잠의 선정을 비롯하여 춘우정(春雨亭) 김영

---

[24] 논어 "知者樂水, 仁者樂山; 知者動, 仁者靜; 知者樂, 仁者壽."의 일부분이다.

옥정호로 흘러들어가는 섬진강. 가뭄으로 저수지 바닥이 드러나면서 옛 운암강의 물줄기가
나타났다. 2015년 11월 6일 촬영.

1925년 11월 착공되어 1929년 11월 준공된 운암제가 수장된 곳. 2019년 2월 13일 촬영.

정읍 산내 장금리에서 바라본 칠보취수구(좌측 하얀색 구조물)와 김개남 장군의 은거지였던 너디마을. 2019년 2월 13일 촬영.

고현교에서 바라본 동진강. 호남정맥 너머 운암취수구와 칠보취수구 두 곳에서 넘어온 물이 하나가 되어 동진강으로 흘러들어간다. 멀리 호남정맥과 우측에 칠보 성황산이 보인다. 2018년 12월 28일 촬영.

산성정수장. 호남정맥 너머의 섬진강 물을 끌어와 정읍시 옹동면 산성정수장에서 식수로 만들어 정읍시와 김제시에 용수를 공급한다. 2018년 12월 14일 촬영.

상(金永相)의 우국충정 순절에 이르기까지 고결한 몸짓의 깨달음을 저 동
진강의 유슈(流水)가 이끌었을 터이다.

운암강에서 동진강으로 넘어온 물은 칠보면 시가마을 부근의 실보취
수장에서 옹동면 삼국시대 석성이 있던 곳으로 올려 보내 정수 과정을 거
친 뒤 식수로 제공된다.

2018년 12월 14일 산성정수장을 찾아가 어렵게 부탁하여 관계자로
부터 안내를 받을 수 있었다. 운암강 물이 유역변경되어 호남평야의 정
읍과 김제에 공급되는 수돗물의 양을 알 수 있었는데, 하루 정수생산량
이 45,972m^{3}이고 이 중 88.3%가 정읍으로, 11.7%가 김제시 금구로 보
내지고 있었다. 계기판에는 섬진강댐 수위가 해발 192.07m를 나타내고
69.2%의 저수율을 보여주었다.

정읍시민과 일부 김제시민은 호남정맥 너머 데미샘에서 발원하는 섬
진강 물을 식수로 사용하고 있다. 일제강점기에 수탈 목적으로 건설된 운
암제와 운암취수구 그리고 칠보취수구와 해방 후 준공된 섬진강 다목적
댐은 이웃 동진강 유역 사람들에게 농업용수는 물론 식수를 공급해주고
있다.

서쪽으로 낮은 곳을 찾아 자연의 겸손을 나르는 동진강은 태인의 피
향정과 태인동헌 그리고 태인향교에 이르러 성황산을 올려다본다. 전봉준
장군의 동학농민혁명군의 마지막 전투가 벌어졌던 이곳 태인의 성황산
일대였다. 그리고 12년 뒤 면암 최익현의 항일의병진이 병오창의 깃발을
세우며 첫 번째로 점령한 곳이 성황산 아래 태인관아였다.

유방백세(流芳百世)의 꽃다운 향기를 뿜어내는 동학농민혁명군의 희
생과 태인의병의 향기가 피향정에 머물러 있다. 이곳 태인의 군수를 지냈
던 홍범식이 금산 군수로 재직할 당시 경술국치를 맞아 조종산에서 순절
하자 그의 의로운 향기를 기리고자 태인 사람들이 비석을 세워 백세청풍
(百世淸風)의 향기를 돌에 새겼다.

즐비하게 늘어선 피향정 북쪽 담장 안쪽에 서 있는 비석들 중에 유취

홍범식 선생 순절지. 태인
군수에서 금산 군수로 부임한 후
1910년 경술국치를 당하자 이곳
조종산에서 목을 매어 순절하였다.
산 아래로 금산 읍내가 보인다.
2019년 1월 5일 촬영.

낙양리 김제간선 취입수문.
1927년 준공되었으며, 섬진강
물이 동진강으로 넘어와 이곳에서
김제와 정읍으로 퍼져나간다.
전북지역 교원들을 대상으로 한
강 따라 떠나는 인문학 기행 연수를
전북교과통합체험학습연구회와
연구자가 함께 진행. 2016년 11월
12일 촬영.

만년(遺臭萬年)의 오명(汚名)을 쓰고 동학농민혁명이 발발한 기폭제의 하나
로 작용했던 조병갑이 세운 부친 조규순의 영세불망비는 이곳 피향정의
유방백세에 어울리기나 하겠는가?

　　동진강을 타고 흐르는 아리랑은 성황산을 너머 아리랑고개로 넘어간
다. 우금치고개를 넘지 못하고 금강에서 동진강으로 되돌아와 이곳에서
최후의 격전을 벌였던 전봉준의 동학농민혁명군들의 한을 품고 다시 서
쪽으로 서쪽으로 흘러가면 1927년 일제의 수탈 상징인 낙양리 취입수문
에 다다른다.

2천 년 전 우리 선조의 최첨단 공법으로 축조한 벽골제를 파괴하고 김제 광활면의 아베 간척지로 농업용수를 보내기 위하여 건설한 김제간선수로가 이곳 낙양리 취입수문에서 출발한다. 90여 년 전 낙양동산에서 행해졌을 백파제(百派祭) 속에는 일원종시백파비(一原從是百派碑)가 들어 있다. 또한 정읍간선수로가 뻗어나가는 곳 역시 낙양리 취입수문이다.

동진강은 섬진강의 물을 얻어와 이곳에서 정읍과 김제만경에 다 내어주고 겨우 강의 명맥을 유지한 채 실개천으로 전락하고 만다. 한반도가 일제의 수탈에 다 빼앗기고 헛껍데기로 전락한 것처럼 동진강 또한 수탈에 만신창이가 되어 나라 잃은 조선의 백성과 망해버린 대한제국의 자화상이 되어버렸다.

수탈한 쌀을 실어 나르기 위해 세워진 신태인역과 수확된 벼를 말리고 도정하기 위하여 세워졌던 서지말 도정공장들, 그리고 창고들이 즐비했던 신태인읍을 지나면 남쪽 내장산에서 북으로 흘러온 정읍천과 만나 두물머리를 형성하는 곳에 역사의 한 획을 그은 동학농민혁명의 출발점이 되었던 만석보(萬石洑)가 있다.

동진강의 흐름이 인간의 욕심에 의해 혈관이 막히듯 턱 막혀서 신음하던 그곳이다. 원래 이곳에 '예동보' 또는 '광산보'라고 불리던 복덩어리 보가 있었음에도 조병갑은 또 다른 보를 세워 가렴주구(苛斂誅求)를 일삼았다. 그 만석보는 결국 터졌다. 민초의 봉기로, 민초의 함성으로 말이다. 혁파(革罷)되었던 만석보처럼 오늘 이 땅의 가운데 세워놓은 비극적인 분단의 보 역시 민초의 함성으로 민초의 촛불로 걷어내야 한다. 만석보는 우리에게 그리하라 이른다.

'혁명의 강'이라는 이름을 부여한 동진강은 백산과 죽산 사이에서 '앉으면 죽산, 서면 백산'의 상징적인 용어를 만들며 일제강점기 일본인 대지주들의 집단 거주지였던 화호리를 바라본다. 한때 3,500정보의 땅을 소유했던 구마모토 리헤이(熊本利平)는 일제강점기 조선의 농촌을 지배하고 통치했던 하나의 통치기구였다. 다른 지주들보다 높은 소작료로 인해 조선의 농민들은 1934년, 1935년, 그리고 1937년에 소작쟁의를 통해 항거하기에 이른다.

화호리 숙구지 작은 언덕은 근처 남서쪽의 부안 백산 못지않은 거대한 산이었고, 심지어 조선총독부와 같은 거대한 일본제국주의가 들어앉았다. 기운 좋은 터에 자리 잡은 일본인 대지주들의 주택들은 세월의 풍파에 낡아 부서지고 또 흙으로 돌아가고 있지만, 아직도 건재함을 잃지 않은 집들도 많다.

일본인 대지주들의 위세를 역겹도록 보면서도 조선 백성의 원망을 들어주고 씻어내어주면서 한이 맺힌 탓에 병이 들었을 화호리 터줏대감 당산나무도 그 고단했던 역사를 뒤로하고 몇 해 전 꺾이고 말았다. 화호리에 떵떵거리던 일인(日人)으로 득실거렸던 이 숙구지 동산은 어쩌면 저 앞에 자리한 백산에 서려 있는 창의의 함성에 기가 눌렸을지도 모른다.

"여기가 감히 어디라고 너희 일인들이 발을 붙이고 산단 말인가?"

이곳에서 북쪽으로 김제시 부량면에 벽골제와 아리랑 문학관이 버티고 서 있다. 자연지리 환경을 극복하고자 했던 우리 선조의 지혜가 담긴 벽골제와 호남평야를 터전으로 살았던 조선 민초의 한을 담은 소설 『아리랑』이 이곳을 배경으로 하고 있음은 당연하리라.

백산성의 북쪽에서 서로 흘러나가는 동진강은 이곳에서 고부천을 받아들여 서해로 가기 전에 1894년 3월 26일 거대한 혁명의 백산 창의의 깃발을 치켜세운 아리랑이 되어 넘실대기 시작한다.

정읍천과 고부천의 지원세력을 등에 업고 이내 죽산 남쪽에서 서로 흘러 동진강에 합류되는 모악산을 품은 원평천이 합세하면 거대한 물결이 되어 아리랑고개를 넘으며 계화도(界火島)에 이른다.

계화도에 도착한 동진강은 보릿고개 굶주림과 배고픔의 신음소리를 풀어내며 아리랑 아리랑 덩실덩실 춤을 추며 한바탕 대동의 몸짓을 감아

신태인대교에서 바라본 동진강. 강 너머 제방 뒤로 정읍천과 예동보비가 자리한다. 2014년 7월 7일 촬영.

화호리 일본인 대지주 구마모토 리헤이의 농장 창고 건물. 마을 사람들의 복지를 위한 공간으로 새롭게 단장하고 있다. 2019년 2월 7일 촬영.

새만금홍보관 부근 바람모퉁이 쉼터에서 본 새만금 간척지와 계화산. 2019년 2월 11일 촬영.

신시도에서 바라본 신시도 배수갑문. 밀물이 새만금방조제를 통과하여 만경강 쪽으로
밀려들어가고 있다. 2019년 2월 13일 촬영.

소라쉼터 전망대에서 바라본 새만금방조제와 고군산도. 2019년 2월 13일 촬영.

내고 고향 산천 터를 내어주고는 산(山) 사람들이 이주하여 짠물을 씻어내
며 간척한 땅, 그 계화도를 적셔주는 운암강의 고향 물에 북받쳐 오르는
눈물의 아리랑이 계화산을 지나 서해에 다다른 동진강은 이제 슬픔의 아
리랑이 아닌 희망의 바다가 되어간다.

조병갑의 만석보에 막히고

일제의 운암제에 막히고

낙양리 취입수문에 막혔던 혁명의 강 동진강의 아리랑

부안에서 북으로 바다를 가로질러 군산으로 남과 북을 이은 거대한 바닷물 속의 새만금방조제. 호남평야의 젖을 내어주는 호남정맥의 역할을 하고 있는 새만금방조제는 그래서 새만금정맥이다.

가력도 배수갑문과 신시도 배수갑문을 통해 빠져나가는 해원의 강 만경강과 혁명의 강 동진강, 일제강점기 한 맺힌 치욕의 암 덩어리를 바다에 씻어내고 떼어내며 망망대해로 나서는 아리랑. 그 아리랑은 남과 북을 잇는 새만금정맥의 통일의 아리랑이리라.

7장. 역사 · 문화 콘텐츠

콘텐츠 개요

동진강 유역의 인문 환경 분석에서 크게 다섯 가지 영역으로 범주화하여 지역자원을 추출하였는데, 수리시설, 문화유적, 역사적 사건, 인물, 문학 등이다. 수리시설을 제외한 네 가지 범주는 역사 · 문화 영역에 포함할 수 있으므로 이 글에서는 인문 환경의 콘텐츠를 수리시설 영역과 역사 · 문화 영역 두 가지로 설정하였다. 연구지역 안에 있는 역사 · 문화 콘텐츠를 다음 페이지의 분포도에 나타냈다.

역사 · 문화 영역 콘텐츠 개발의 공간 범위는 자연지리적 콘텐츠와 인문 환경 영역의 수리시설 영역 콘텐츠와의 유기적인 또는 통합적인 관계 속에서 함께 전개되기 때문에 동진강 유역과 콘텐츠가 중첩되는 섬진강 유역의 일정 지역에서부터 그 공간적인 범위를 설정하였다. 눈에 보이는 문화유적을 중심으로 그 안에 담긴 역사적 사건과 인물들을 포함하여 통합적으로 콘텐츠를 개발하고자 하였으며, 역사 · 문화 영역 각각의 콘텐츠가 가지는 원형을 중심으로 2차와 3차로 확산되어가는 문화나 문학 등

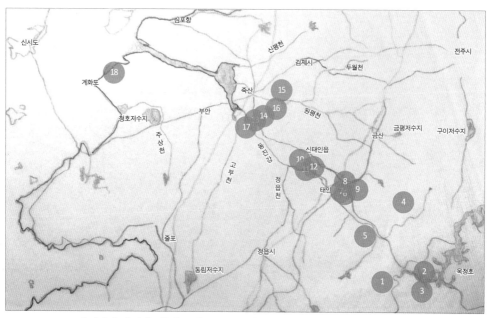

동진강 유역 역사·문화 콘텐츠 분포도. 연구자 작성. ① 녹두장군 전봉준관, ② 김개남 장군 은거지, ③ 한말 호남의병 유적지, ④ 김개남 장군 고택과 묘역, ⑤ 칠보 무성서원과 태인의병, ⑥ 피향정, ⑦ 피향정 비석군, ⑧ 태인향교, ⑨ 태인동헌, ⑩ 신태인 도정공장, ⑪ 신태인 도정공장 창고, ⑫ 신태인역, ⑬ 화호리 구일본인 농장가옥, ⑭ 다우에 다로 사무실, ⑮ 아리랑 문학마을, ⑯ 아리랑 문학관, ⑰ 동학혁명 백산창의비, ⑱ 간재 선생 유지

도 콘텐츠에 담아내는 시도를 하였다. 역사·문화 영역 콘텐츠 개발에서 문화유적, 역사적 사건, 인물의 영역은 크게 1894년 갑오동학농민혁명, 1906년 태인의병, 1910년 경술국치 이후 일제강점기 수탈의 역사적인 사건에 중심을 두고자 하였다.

임병찬 창의유적지

양윤숙 의병장의 생가가 있는 구림면 과촌에서 북서쪽으로 사실재를 넘으면 정읍시 산내면 장금리 평내마을이 나온다. 장금리 보건진료소까지 있으니 제법 마을의 규모가 있다는 의미이다. 평내마을 앞까지 옥정호의

폐교가 된 장금초등학교 부근 두주막거리에서 바라본 너디마을. 2019년 2월 13일 촬영.

임병찬 창의유적지 입구. 산호수마을 입간판 옆으로 독립운동 호남의병 유적지, 임병찬 창의유적지, 임병찬 선생 창의지지, 동학농민혁명 지도자 김개남 피체지 등 네 개의 표지판과 독립운동 호남의병 유적지 안내문까지 5개가 이곳이 예사롭지 않음을 말해주고 있다. 2019년 2월 13일 촬영.

물이 차 있지만, 1929년 일제가 운암제를 막기 전까지는 마을에서 더 멀리 내려가야 추령천을 만날 수 있었다. 쌍치면에서 내려오는 추령천이 과

상종성에 세워진 돈헌 임병찬의 묘비. 바로 옆에
홍학재(강당)터비가 있다. 2014년 9월 29일 촬영.

홍학재터비. 2018년 4월
21일 촬영.

거에 섬진강 본류에 합류되는 지점은 사슴나루터를 거쳐 너디마을 앞을
통과하여 영골을 지나서야 비로소 운암에서 내려오는 운암강과 하나가
되었다.

　평내마을에서 새터를 지나 황학동으로 돌아가면 옥정호 가운데에 섬
처럼 되어 있는 곳에 이르는데, 이곳에 성황당이 위치하고 황학동에는 장
검산(366m)이 우뚝 솟아 아름다운 옥정호를 한눈에 조망할 수 있다.

　추령천 북쪽에 너디마을과 남쪽의 종성리는 나라가 기울어가던 시기
동학의 김개남과 성리학의 임병찬이 강을 사이에 두고 충돌을 벌인 역사
적인 공간이다.

　돈헌(遯軒) 임병찬(林炳瓚)은 동진강 유역의 콘텐츠 개발의 중심에 있
는 인물 중의 한 명이다. "군산 옥구 출신인 돈헌은 1888년 호남에 대흉년
이 들자 4천 냥과 조 70석을 내어 규휼하고 1석에 25전의 저리를 통해 백
성들을 구했다. 1889년 도내 유림의 천거로 절충장군첨지중추부사 겸 오
위장의 직첩을 받았고 7월에 낙안군수겸 순천진관병마동첨절제사에 임
명되었다."[1] 1890년 관직을 떠나 1893년 산내면 영동마을에서 종송리[種

───

[1] "한민족문화대백과"(https://terms.naver.com, 검색일: 2018년 11월 6일)

松里, 현재의 종성리(宗聖里)]로 이거하여 공자의 사당인 영소전을 짓고 제자를 가르쳤다. 김개남 장군이 너디마을에서 종송리로 은거지를 옮기는 과정과 피체되는 과정을 살펴보면 다음과 같다.

11월 10일 청주를 공격했으나 일본에게 패하고 태인의 너디에 있던 매부 서영기 집에 숨어 정세를 관망하고 있었다. 바로 이때 당시 이웃 지역인 종송리에 살고 있던 임병찬이 김종섭을 시켜 종송리에 있던 송두용 집으로 유인하도록 하였다. 종송리가 너디보다 산세가 깊고 높아서 더 안전하다는 김종섭의 설득에 김개남이 종송리로 옮기게 된 것이다. 그 뒤 임병찬이 김송현, 임병욱, 송도용을 시켜 전라도 관찰사 이도재에게 고발하였고 이도재는 황헌주로 하여금 강화병 80명을 거느리고 12월 1일 새벽 김개남을 체포하였다.[2]

1894년 김개남 장군이 피체된 종성리는 이후 면암 최익현과 돈헌 임병찬을 중심으로 한 태인의병의 상징적인 공간으로 자리한다.

면암 최익현이 진안의 최제학을 대동하여 진안을 떠나 태인에서 창의의 깃발을 올리기 전에 머물렀던 곳이 이곳 종성리이다. 당시 최익현은 임병찬의 처소에 머물면서 거병에 따른 군무일체를 임병찬에 맡기고 진두지휘하였다.[3]

2014년 9월 29일 김개남 장군 피체지 현장을 찾기 위하여 정읍시 산내면 종성리 상종성 마을을 찾아갔다. 정읍시가 2004년도에 펴낸 동학농민혁명유적지 복원정비계획에 실린 '김개남 장군 피체지가 종성리 276-1번지'라는 기록을 토대로 산호수마을로 올라가서 종성리 551번지에 사는 마을 주민의 증언을 들을 수 있었다. "내가 이곳에 살면서 임병찬 이야기

---

❷ 조광환, 전봉준과 동학농민혁명(서울: 살림터, 2014), 263.
❸ 박민영, 대한 선비의 표상 최익현(서울: 역사공간, 2012), 157.

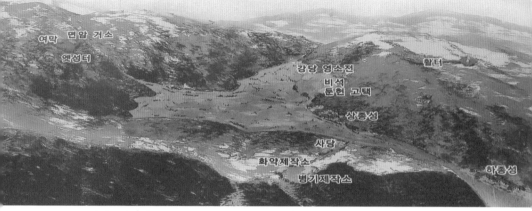

여막　면암　거소
　
옛성터

강당 영소전
비석
돈헌 고택

할터

상종성

사당
화약제작소
병기제작소

하종성

한말 호남의병 유적지 조감도. 돈헌의 고택과 영소전 및 강당이 우측에, 면암 최익현의 거소는 좌측의 옛 성터 부근에 있다. 2016년 4월 29일 촬영.

는 들어본 적이 있어도 김개남은 들어본 적이 없다"고 하면서 김개남 장군의 피체지가 상종성이나 하종성이라는 이야기는 믿을 수 없다고 하였다.

　한편 그 주민으로부터 임병찬에 관하여 전해오는 이야기를 들을 수 있었는데, "임병찬의 자식들이 이곳에 살았다. 거문도에서 죽은 임병찬의 상여를 7일간 메어 옮겼는데 주변 사람들은 비를 다 맞았는데도 상여꾼들은 비를 맞지 않았다. 그래서 임병찬이 인물은 인물인데 시대를 잘못 타고 났다"는 내용이었다.

산호수길 148-7번지 앞, 김개남 피체지의 안내표지판이 뽑혀 장독대 앞에 방치되어 있다. 2016년 6월 6일 촬영.

성리학적 사고의 한계를 접할 수 있는 이곳 종성리는 동학과 성리학의 충돌지이자 한말 중기의병의 출발지라는 점에서 역사·문화 콘텐츠로서 중요한 자리를 차지한다.

김개남 장군 고택 터와 묘역

운암강 서편 호남정맥의 가는정이를 넘으면 팽나무정이 나온다. 섬진강 유역의 호남정맥 동편에서 김개남 장군의 고택과 묘역이 있는 산외면 동곡리 지금실로 향하기 위해서는 이 가는정이를 넘어야 한다. 갑오년 동학농민혁명이 발발한 이후 김개남 장군은 이 고개를 동편으로 넘어 임실을 거쳐 남원으로 넘어갔을 것이다. 일제강점기 호남평야의 쌀을 수탈하기 위해 섬진강인 운암강의 물을 이 고개 아래로 터널을 뚫어 유역변경하여 보낸 곳이 이 가는정이 고갯마루 근처이다. 이곳에서 멀지 않은 옥정호 주변의 너디마을과 종성리는 김개남 장군의 피체지가 있는 곳이다. 역사를 다시 되돌려 갑오년 동학농민혁명이 시작되는 정읍시 산외면 동곡리 지금실로 돌아간다.

① 김개남 장군 고택 터

정읍시 산외면 동곡리의 지금실 동편에는 작은 하천이 흐른다. 이 하천은 남으로 내려가 동진강 본류에 합류한다. 그래서 연구자는 김개남 장군을 '동진강 사람'이라고 표현한다. 굳이 동진강 사람이라고 하는 이유는 동진강이 가지는 의미 때문이다. 정읍천과 동진강이 합류하는 그 지점에 위치한 만석보는 바로 이 동진강의 물줄기에 있는 곳이다. 동진강은 동학농민혁명의 출발지라고 할 수 있다. 그가 피신해있던 너디마을 앞에는 당시에 추령천이 흘렀다. 추령천은 섬진강의 지류하천이다. 동학농민혁명의 출발이 동진강의 만석보였다면 그 끝은 섬진강의 지류인 회문산 부근의 추령

김개남 장군 고택 터가 있는 지금실과 우측의 상두산 전경. 2019년 2월 7일 촬영.

천이었다. 전봉준 장군과 김개남 장군 두 사람이 피체된 곳은 추령천이었
다. 평야지대에서 창의의 깃발을 들었고 패퇴하여 회문산의 깊은 산속에
서 깃발을 내려야 했다. 호남정맥의 가는정이를 넘으면 김개남 장군의 고
택이 자리한다. 이곳은 빈터로 밭이 되어 작물을 생산하고 있다. 이곳 안
내판에는 다음과 같이 소개하고 있다.

김개남 장군 고택 터. 밭으로 변해 농사를 짓고
있다. 2014년 6월 25일 촬영.

김개남 장군 고택 터. 좌측 나무 아래에 있는 비석에는
'김개남 장군 생가 터'라고 쓰여 있다. 2016년 1월 18일
촬영.

동곡리 지금실은 김개남 장군의 옛 집터이나 집은 사라지고 그 흔적을 찾아 볼 수 없다. 김개남 장군의 증손자로 이 마을에 거주하였던 고 김상기 씨는 증조할머니에게서 이곳이 장군의 쌈터였다는 증언을 들었다고 하며 수많은 동학농민군이 옛집에서 식사하며 휴식을 취했다는 이야기가 전해진다고 한다. 동학농민혁명 5대 지도자 중의 한 분인 김개남 장군은 금산·무주·진안·용담·장수를 비롯하여 전라좌도를 호령하였고, 순천에 영호도회소(嶺湖都會所, 대접주 김인배)를 설치하여 영남의 서남부지방까지 그 세를 떨쳤다. 동학농민군의 제2차 봉기 때에는 금산과 청주를 거쳐 서울로 진격할 계획을 세웠고, 11월 13일 새벽 청주를 공격하였으나 일본군과 관군에게 패배하였다. 이후 태인으로 돌아왔는데 그때 관군에게 체포당하였다. 전라도 관찰사 이도재는 김개남 장군의 명성에 겁을 먹고 1894년 12월 3일(음) 전주 서교장에서 그를 임의로 처형하고 그 수급(首級)을 서울로 이송하였다. 수급은 서소문 밖에서 3일간 효시되었다가 다시 전주로 내려 보내져 효시되었다. 향년 42세였다.

김개남 장군이 전주에서 처형되고 난 뒤 이후의 상황은 다음 기록들에서 살필 수 있는데, 먼저 정교의 『대한계년사』에는 "소의문 밖에서 동학 무리의 우두머리 김개남의 시체에 다시 참형을 가했다"[4]라고 기록하고 있다. 소의문은 한양도성의 4소문 중의 하나를 말한다. 한편 조선왕조실록『고종실록』에는 "김개남(金開男)의 머리는 서소문(西小門) 밖 네거리에 매달았다가 3일 후에 김개남과 성재식의 머리를 경기감영(京畿監營)에서 소란을 일으킨 지방에 조리돌리게 하였다고 아뢰었다"[5]고 기록하고 있다.

[4] 정교, 대한계년사 2(서울: 소명출판, 2004), 82.
[5] "조선왕조실록"(http://sillok.history.go.kr, 검색일: 2018년 12월 17일), 고종실록 32권, 고종 31년 12월 25일 정묘 첫 번째 기사.

② 김개남 장군 묘역

지금실 마을 안쪽에 위치한 고택 터에서 큰길로 나와 남쪽으로 내려오면 좌측에 묘역이 조성되어 있다. 전리도 지방으로 내려 보낸 김개남 장군의 시체는 그 뒤로 어떻게 처리되었는지 알려지지 않는다. 이곳 묘역에 세워진 안내판에는 다음과 같이 소개하고 있다.

김개남(金開南) 장군은 1853년 9월 15일 정읍시 산외면 동곡리 지금실에서 도강김씨(道康金氏) 대현(大鉉)의 셋째 아들로 태어났다. 1894년 3월 백산(白山)에서 전봉준(全琫準), 손화중(孫華仲)과 함께 사생을 맹세하는 창의문(倡義文)과 백성을 도탄에서 건지고 국가를 반석 위에 두겠다는 격문(檄文)을 사방으로 보내며 동학농민군을 이끌었으며 전주화약을 맺은 뒤 남원성을 중심으로 집강소를 설치하고 전라좌도를 평정한 후 폐정개혁을 추진하였다. 이때 영주(永疇)라는 본명을 남쪽을 연다는 뜻의 개남(開南)으로 바꿨다. 그해 9월 2차 기포 때 관군의 요충지인 청주 병영을 공격하다 실패하여 추령천 변 너디마을로 내려와 재기를 준비하던 중 정읍시 산내면 종성리에서 임병찬의 고발로 관군에게 붙잡혀 서울로 압송 도중 12월 3일 전주에서 42세의 나이로 유명을 달리했다. 시신을 거두지 못해 무덤마저도 없었으나 1995년 4월 김개남 장군이 살았던 이곳에 그의 가묘와 묘비를 만들었다.

김개남 장군 묘역. 2014년 6월 25일 촬영.

묘역에 세워진 비석에는 다음과 같은 시가 새겨 있다. 이곳을 찾게 되
면 오늘날 우리에게 주는 동학의 의의를 생각하며 다 같이 낭송해보면 좋
을 듯하다.

새야새야 파랑새야/녹두밭에 앉지 마라
녹두꽃이 떨어지면/개남장이 울고 간다.
남녘부터 개혁하려/개남으로 개명하고
외세침탈 막으려고/동학혁명 주도했다.
동학군의 연전연승/개남장의 백전이다.
모든 공은 동지에게/모든 화는 개남에게
수만 군사 어디두고/짚둥우리 웬말이냐
초록바위 참수된 몸/사후에도 억울하네
애국애족 깊은 마음/어느 누가 알아줄까
앞으로는 천년만년/개남장을 알아주세

김개남 장군 고택과 묘역 콘텐츠에서는 동학이 태동했던 시대의 국
제정세와 우리나라의 사회적 모순과 병폐 등을 살펴보고 동학농민혁명이
혁명으로서 후손들의 가슴속에 자리매김되지 못했던 이유를 우리의 현대
사 전개 과정과 연결하여 접근한다. 1894년 혁명에 참여하여 목숨을 잃은
동학농민혁명군 희생자들을 포함하여 김개남 장군 묘역 앞에서 묵념을
통해 반봉건 · 반외세를 부르짖다가 떠난 영령들을 위로하는 것이 이곳을
콘텐츠로 개발하는 목적이다. 또한 이곳 동곡리는 전봉준 장군이 한때 거
주하였던 곳이기도 하다. 그의 공초 기록에 의하면 거주지를 "태인(泰仁)
산외면(山外面) 동곡(東谷)"[6]이라고 한 대답에서 그 사실을 알 수 있다. 송

[6] 신복룡, 앞의 책, 315.

전봉준 장군이 공초에서 언급한 거주지 원동곡 마을 전경. 우측으로 2.4km 올라가면 김개남 장군의 고택 터와 묘역이 있다. 2019년 2월 7일 촬영.

정수는 "전봉준 장군이 공초에서 대답한 거주지의 동곡은 원동곡이며 18세 무렵인 1873년경에 산외면 동곡으로 이사했을 당시의 동곡은 지금실이라고 하였다."❼

2019년 2월 7일 연구자는 산외면 동곡리의 원동곡 마을을 찾았다. 원동곡 마을은 김개남 장군의 고택이 있었던 지금실에서 2.4km 남쪽 아래에 위치한 마을이다. 바로 지근거리에 동진강이 흘러간다. 쌀쌀한 바람이 부는 날씨라 마을사람들이 눈에 띄지 않았는데, 잠시 뒤 자전거를 타고 내려오는 아주머니를 붙잡고 "혹시 이 마을에 전봉준 장군이 사셨다는 이야기를 들어보지 않았습니까?"라고 물으니 못 들어보았다고 하면서 "84세 허덕순 할머니가 나물 캐러 갔다든가 고사리 뜯으러 갔다든가 했는데, 산골짜기에서 애들이 바가지 같은 것을 차고 노는 것을 보았단다. 그리고 시에서 전봉준 장군 발굴조사 나왔는데 아무것도 안 나왔다는데, 그것만 있었으면 좋았을 것인데"라고 전해주었다. 연구자에게 증언해준 분은 조윤

❼ 송정수, 베일에서 벗어나는 전봉준 장군(서울: 혜안, 2018), 134.

원동곡 마을 전봉준 장군이 살았던 집. 사진 가운데 파란색 지붕이 있는 집의 허청자리였다. 88세 박옥자 할머니의 집으로, 시어머니 이 씨에게서 들었다고 하였다. 2019년 2월 7일 촬영.

금 할머니(79세)였다.

마침 유모차를 끌고 가는 할머니가 지나가자 "저분이 잘 알 것이니 물어보라"고 하였다. 88세의 박옥자 할머니는 귀가 어두워서 말을 크게 해야 했는데, 전봉준 장군이 "우리 아래채의 허청자리에서 살았고 그 뒤로 돌아가시고는 그다음은 잘 몰라"라고 하였다. 이 이야기는 시어머니한테 들었으며, 시어머니는 성이 이씨였다고 하였다. 또한 "장군이 돌아가시고 목만 잘라서 뒷동네에 묻었는데, 이가(李家)였기 때문에 이 씨들이 벌초를 교대해서 했고 그 뒤로 어떤 사람이 묘를 파헤쳤다"고 전했다. 또한 지금 실에서도 살았고, 조카들이 그곳에 살고 있다는 것도 전하였다. 이 증언에 서 전봉준 장군이 이씨 집의 허청자리에서 살았다는 것은 후처인 이소사 (李召史)가 동곡 사람이었다는 것[8]과 연관이 있는 것으로 보인다. 지금실 과 원동곡 마을은 동학농민혁명에서 중요한 곳이다. 김개남 장군과 전봉 준 장군이 한때 같은 마을에서 살았다는 사실은 동학농민혁명 전체 전개 과정에서 중요한 요소이다.

[8] 송정수, 위의 책, 128.

무성서원과 태인의병

① 칠보와 무성서원

무성서원(武城書院)이 위치하는 태인(泰仁)은 태산(泰山)과 인의(仁義)가 합쳐서 생긴 지명이다. 『신증동국여지승람』의 태인현에 "태산군은 백제 대시산군(大尸山郡)이었는데 신라 때 태산으로 고쳤다. 고려 때 고부군에 붙였다가 공민왕 3년에 군으로 승격시켰다. 인의현은 백제 빈굴현(賓屈縣)이었는데 신라 때 무성(武城)으로 고쳐 고부군에 붙였고 조선 태종 9년에 인의현으로 고쳐서 현을 거산역(居山驛)에 옮겼다"[9]라는 기록에서 태산과 인의 두 현의 이름에서 '태인'이 나왔음을 알 수 있다. 890년 신라 최치원이 군수로 부임하여 이곳 태인의 이름이 유명해진 배경이 되었다.

이곳에 무성서원이 있게 된 배경은 최치원을 추모하기 위하여 세운 태산사로부터 시작된다. 최치원이 합천 군수로 전출된 뒤 고을 사람들이

현가루에서 내려다본 무성서원. 2016년 10월 29일 촬영.

[9] 민족문화추진회, 신증동국여지승람 7(서울: 민문고, 1989), 505-506.

불우헌정극인동상. 원촌마을 태산선비문화사료관 우측에 위치한다. 2018년 12월 14일 촬영.

최치원을 기리기 위하여 유상대(流觴臺)❿ 위에 생사당을 지었는데, 이것이 선현사(先賢祠)였다. "1483년 정극인이 세운 향학당이 있던 지금의 자리로 1484년 옮긴 것이 바로 태산사(泰山祠)로 현재 무성서원의 전신이다. 1549년 신잠(申潛)의 생사당을 배향하였으며, 광해군 7년(1615)에 태산사 자리에 현지 선비들이 서원을 짓고, 1630년 정극인·송세림·정언충·김약묵 등이 추가로 배향되었다. 80여 년이 지난 숙종 22년인 1696년 최

병자십일월 사액(丙子十一月 賜額). 무성서원의 편액. 2018년 12월 28일 촬영.

❿ 정읍시 칠보면 시산리 583-3번지에 위치하는 곳으로 무성리 동편 칠보천 건너에 있다. 현재는 그 흔적을 알리는 비석이 세워져 있는데, 최치원과 관련이 있는 유적지이다.

태인 신잠의 비. 2018년 12월 28일 촬영.

치원과 신잠의 두 사당을 병합한 뒤 무성으로 사액(賜額)되었다."⑪ 무성서원의 강당에 걸린 편액의 좌측에 쓰인 '병자십일월 사액(丙子十一月 賜額)'이 이를 뒷받침한다.

최치원, 정극인, 신잠 세 사람은 이곳 태인지방에서 학문을 펼친 공통점을 가지고 있다. 최치원은 신라 골품제도의 한계에 부딪히자 지방의 수령을 자처하였고, 정극인은 단종 1년 문과에 급제하여 정언에 올랐으나 단종이 폐위되자 관직을 사직하고 고향에서 후진을 가르쳤다. 신잠은 1519년(중종 14) 현량과에 병과로 급제하여 예문관 검열이 되었으나 그해 기묘사화로 파직되었고, 20년 은둔 뒤에 관직에 나가 이곳 태인현감을 맡아 선정을 베풀자 1545년(중종 39) 태인 사람들이 신잠의 선정과 치적을 기리고 추모하여 후대까지 전하고자 비를 세웠다. "고을사람들은 성황사에 그와 그의 부인을 모셔놓고 매년 정월 초하루와 보름에 제사를 올려 마을의 태평을 빌었다. 이방이 나라의 세금을 서울로 운반할 때에는 이

⑪ "한민족문화대백과"(https://terms.naver.com/, 검색일: 2018년 12월 18일)

무성서원의 전경. 현가루 좌측 네 번째 흰 비가 이정직, 현가루 우측 첫 번째 흰 비가 이최응의
비이다. 2018년 12월 28일 촬영.

곳 생사당에서 불상사가 없기를 기원했다고 한다."[12] 이러한 유풍을 지닌
무성서원이 1865년부터 시작된 대원군의 서원철폐령에 훼철 위기를 당
했는데, "이곳의 유생들은 태인현감 이정직(李定稙)을 통해 대원군의 중형
이최응(李最應)을 만나 무성서원은 선현인 최치원을 향사하는 서원으로 자
신들의 친족을 내세워 민폐를 끼치는 곳이 아니라고 설득하여 훼철의 위
기를 벗어날 수 있었다."[13]

　　무성서원 현가루를 정면에서 바라보았을 때 우측의 영상 이최응 불
망비와 좌측의 현감 이정직 불망비는 이렇게 해서 세워졌다. 두 비는 화강
암의 동일한 석재를 이용하였는데, 비의 뒷면에 같은 임오년(1882)이라고
적힌 기록이 뒷받침한다. 대원군의 서원철폐령에서 살아남은 전북 유일의
무성서원은 1906년 6월 4일(윤 4월 13일) 한말 중기의병인 면암 최익현의

[12] 손상국, 최치원을 추억하다(전주: 신아출판사, 2016), 23.

[13] 위의 책, 88-89.

태인의병 창의의 역사적인 공간이 되었다.

한편 무성서원이 자리하고 있는 무성리 일대는 선비문화를 체험할 수 있는 문화유적이 많이 분포한다. 이것들은 주로 성황산의 남동쪽 사면을 중심으로 배치되어 있는데, 불우헌 정극인의 동상과 상춘곡비, 경술국치 이후 일본의 은사금을 거절하며 순절한 춘우정(春雨亭) 김영상(金永相)을 모신 필양사, 무성서원에서 창의의 깃발을 올린 면암 최익현을 모신 시산사, 을사사화 때 낙향하여 후학을 길러낸 김약회(金若晦)의 한정(閒亭), 7광(七狂)과 10현(十賢)이 모여서 세상을 음풍농월하던 '송정(松亭)',❶ 간재 전우의 암각서가 새겨진 바위 위에 세워진 후송정 등이 있다. 또한 태산선비문화사료관 옆에는 정극인의 신도비와 『상춘곡』을 새긴 시비, 후송정 등도 만날 수 있다. 이곳 원촌마을에서 멀지 않은 동촌마을 동편 칠보천 변에는 감운정(感雲亭)이라는 정자가 있는데, 이곳은 최치원이 태산 군수 시절에 유상곡수(流觴曲水)❶를 행했던 곳으로 알려져 있다. 감운정은 1919년에 지역 유림들이 유상대(流觴臺) 유적지를 기리기 위하여 세웠다. 원촌에서 남쪽으로 남전마을에서 단종의 정비였던 정순황후의 태생지와 아울러 보물 제1181호인 태인고현동 향약을 만날 수 있다.

---

❶ 광해군 때 폐모사건에 항소하였으나 뜻을 이루지 못하자 낙향하여 이곳에서 유유자적한 세월을 보냈는데, 7광은 스스로 부른 것이고, 10현은 후세 사람들이 부른 것인데 통칭 '7광 10현'이라 한다. 7광은 김대립(金大立)·김응찬(金應贊)·김감(金勘)·안치중(安致中)·송민고(宋民古)·이상향(李想嚮)·이탁(李卓)이며, 10현은 김응찬·김감·안치중·송민고·이탁·김관(金灌)·김렴(金濂)·김급(金汲)·김우직(金友直)·양몽우(梁夢寓)이다.

❶ 바위(유상대) 사이로 흐르는 냇물 위쪽에서 술잔을 띄워 술잔이 자기 앞에 이를 때까지 운(韻)을 맞추어 시를 지었다고 하는데, 이를 '유상곡수(流觴曲水)'라 하였다.

최익현을 모시고 있는 시산사. 2018년 12월 14일 촬영.

김약회의 선비정신이 담긴 한정. 2018년 12월 14일 촬영.

7광 10현의 선비정신이 담긴 송정. 2018년 12월 14일 촬영.

최치원과 검단선사가 유상곡수를 즐긴 유상대 터와 감은정. 2019년 2월 7일 촬영.

송정 10현도를 모신 영모당. 2018년 12월 14일 촬영.

간재 전우의 암각서가 있는 후송정. 2018년 12월 14일 촬영.

단종의 정비 정순왕후의 태생지. 2018년 12월 28일 촬영.

강 따라 떠나는 인문학 기행 1: 혁명의 강

보물 고현동 향약. 2018년 12월 28일 촬영.

동진강에 흐르는 아리랑

② 태인의병

의리의 선비정신을 바탕으로 창의의 깃발을 올린 태인의병. 그 속에는 면암 최익현과 이곳에서 멀지 많은 산외면 동곡리 지금실의 김개남 상군과 사상적 충돌을 일으킨 돈헌 임병찬이 자리한다. 병오년 태인의병 창의 12년 전에 이곳은 동학농민혁명을 이끈 김개남 장군의 주무대였다. 이곳의 민중이 12년 뒤 유생 중심의 1906년 의병창의를 어떤 눈으로 바라보고 있었을까? 동학을 배척한 성리학자 임병찬과 면암 최익현은 동학혁명의 피가 흐르는 민중의 땅에서 유생 중심의 의병창의를 시작했다. 무성서원이 가지는 콘텐츠는 인물 및 역사적인 사건과 연관된 통합적인 측면에서 가치가 있다. 그중에서 태인의병이 가지는 의의는 오늘 우리에게 많은 교훈을 주기 때문에 다음과 같은 내용을 포함하고 있어야 한다.

첫째, 1907년 후반에 시작된 후기 의병의 주무대가 전라도였는데 그 기폭제가 태인의병이라는 점이다.

둘째, 태인의병의 영향을 받은 인물들은 강재천, 백낙구, 양한규, 박봉양, 양회일, 조규하, 양윤숙, 이석용, 전수용, 이광선, 노응규, 고광순, 기우만, 기우일 등이다.

셋째, 태인의병은 호남지역의 중기 의병을 선도하였을 뿐만 아니라 중·후기 전국의 의병항쟁을 고조시키는 데도 결정적인 단초를 제공하였

병오창의기적비.
2014년 7월 7일 촬영.

1906년 6월 4일(음력 윤 4월 13일) 태인, 정읍, 순창, 곡성으로 이어지는 한말 중기 의병인 태인의병 진을 따라 첫 진격지였던 태인향교와 태인동헌으로 이어간다.

③ 태인의병의 전개 과정

태인향교와 태인동헌은 한말 중기 의병인 태인의병의 전개 과정에서 중요한 자리를 차지한다. 무성서원에서 창의한 태인의병의 첫 번째 공격 목표는 태인의 관아였다.

1906년 6월 4일 무성서원에서 창의선언에 동참하여 즉석에서 80명이 의병 대열에 합류하였다. 태인의병은 을사조약 늑결 이후 호남에서 최초의 의진으로 기록되었다. 면암이 이끄는 의병진은 무성서원을 떠나 태인의 본읍으로 행군에 들어갔다. 태인 군수 손병호는 그 기세에 눌려 도망쳤다. 무혈입성 직후 의병진은 향교로 들어가 명륜당에 좌정하고 향장과 수서기를 불러 관아의 무기를 접수하는 한편 군사들을 모아 전력을 강화시켰다.[17]

태인의병은 옥정호의 회문산 북편의 종성리에서 김개남 장군과 돈헌 임병찬의 충돌로부터 출발한다. 무성서원, 태인향교와 태인동헌에서 그 현장을 밟는 것이 전부이지만 이후 전개 과정과 마지막 해산되는 순창객사까지의 과정은 이곳 태인향교에서 스토리텔링을 전개한다. 6월 4일 창의하여 6월 12일 의병진의 지도부가 체포되기까지의 과정을 살펴보면 다음과 같다.

---

[16] 홍영기, 대한제국기 호남의병 연구(서울: 일조각, 2005), 180-184.
[17] 박민영, 앞의 책, 168.

면암 최익현의 피체지 순창객사. 2014년 12월 24일 촬영.

태인의병은 6월 5일 정읍관아로 진군하였고 정읍 군수 송종면이 항복하며 최익현을 영접하였는데 군총·화승·탄환 등의 무기를 확보하였고 100여 명의 의병을 소모하여 군세를 강화하였다. 6월 6일 손종궁의 지휘하에 내장사 뜰에서 좌익과 우익으로 나누어 군사훈련을 실시하고, 6월 7일 순창읍으로 진군하여 순창 군수 이건용의 항복을 받았다. 6월 8일 남원 방면으로 진출하기 위하여 곡성으로 행군하였고 군수 송진옥이 최익현을 맞이하였다. 6월 10일 옥과를 지나면서 삼방포수를 영입하였고 순창으로 귀환하여 유진하였다. 6월 11일 순창읍 북쪽 금산에는 전주진위대, 동쪽 대동산에는 남원진위대가 포진하여 의진을 압박하였으며 오후 6시경 의병을 공격하였다. 진위대는 의병 측으로부터 저항이 없자 사격을 중지하고 지휘소를 포위한 채 그대로 밤을 지새웠다. 6월 12일 의병진 13인이 체포되어 14일 전주로 이송되었고, 8월 14일 형을 선고받아 최익현 3년, 임병찬 2년형을, 고선진과 최제학은 4개월의 형, 나머지 의사들은 태형 100대를 선고받았다.[18]

[18] 박민영, 한말중기의병(천안: 경인문화사: 2009), 119-126.

1905년 을사늑약 이후 호남 최초의 의진인 태인의병이 무성서원을 출발하여 처음으로 진격한 곳은 태인 관아였다. 태인동헌과 태인향교는 태인의병의 전개 과정에서 출발점인 셈이다.

춘우정 김영상의 순국투쟁

태인의 옛 이름인 태산에는 최치원을 비롯한 정극인, 신잠 등 이 고을에 영향을 끼친 선비들이 많다. 광해군 시기에 7광 10현 또한 선비정신을 발휘한 당대 지식인들이었다. 이러한 선비정신의 전통은 대한제국이 망해 가던 시기 전국적으로 항일자정순국(抗日自靖殉國) 투쟁을 통해 일제에 항거한 우국지사들을 통해서도 만날 수 있다. 무성서원에서 그리 멀지 않은 곳에 필양사라는 사당이 있다. 이곳은 애국지사 춘우정(春雨亭) 김영상(金永相) 선생의 위국충절을 기리고자 건립된 사당이다. 1906년 병오년 면암 최익현의 태인의병이 바로 옆의 무성서원에서 창의의 깃발을 올린 뒤 5년의 시간이 흐른 다음 이곳의 선비가 스스로 목숨을 끊으며 일제에 항거하였는데, 그가 김영상이다. 필양사에 세워진 안내문에 소개된 춘우정의 약력을 소개하면 다음과 같다.

무성리 원촌마을 필양사 앞에 세워진 춘우정김영상선생 순국추모비. 2019년 2월 7일 촬영.

춘우정 김영상을 기리기 위해 세운 필양사(泌陽祠). 2019년 2월 7일 촬영.

선생은 1836년(조선 헌종 2)에 전북 정읍시 정우면 산북리에서 도강김씨(道康金氏) 충민공(忠敏公) 회련(懷鍊)의 15세손 경흠(景欽)의 아들로 태어나 16세 때 선조들의 고향인 정읍시 칠보면 무성리 원촌으로 이사하였다. 일찍이 인산 소휘면(仁山 蘇輝冕)에게 수신제가의 충효정신을 배웠고 당대의 거유 기노사(奇蘆沙), 전간재(田艮齋) 선생 등과 교유하였으며 1905년 을사늑약으로 일본이 국권을 침탈하자 항일운동에 전념하여 의병활동에 참여하는 등 구국운동에 일생을 바치셨다.

경술국치 후 일본 정부는 조선의 선비들을 회유하기 위해 은사금(恩賜金)을 주었는데 선생은 이를 완강하게 거절할 뿐만 아니라 사령서에 적힌 자신의 이름 석 자를 찢어버렸다. 이로 인해 불경죄로 일본 헌병에게 연행되어 산외면의 동곡헌병대를 거쳐 군산감옥으로 이송되는 도중에 김제 만경강 사챙이 나루터에 이르러 강물에 몸을 던져 자결하고자 하였으나 왜헌병에게 구출되어 군산감옥에 옮겨 수감되었지만 8일간의 단식 끝에 1911년 5월 9일

춘우정 김영상의 투수 순절 장면. 출처:
태산선비문화사료관, 2018년 12월 14일 촬영.

춘우정김선생투수순절비(春雨亭金先生投水殉節碑). 2019년 2월 7일 촬영.

10시경 향년 76세를 일기로 순절하였으니 어찌 애석하지 않으랴.

뒤에 선생의 충절을 기리는 유림들의 발의로 정읍시 칠보면 무성리 원촌마을에 이 사당을 세워 가을에 제사를 모시고 있고 선생의 공훈을 정부로부터 인정받아 1963년 독립유공 대통령 표창을 받은 데 이어 1991년 8월 15일에는 건국훈장 애국장이 추서되었다. 1978년 지방인사들의 발의로 신창진 나루터인 김제군 청하면 동지산리에 춘우정김선생투수순절추모비(春雨亭金先生投水殉節追慕碑)가 세워졌다.

2019년 2월 7일 정읍 칠보의 필양사를 다시 찾은 뒤 김제 청하의 동지산리로 향했다. 연구자는 수차례 만경강 따라가는 인문학 기행을 안내하면서 새창이다리(만경대교)를 여러 번 건넜으나 바로 동편 지하도로를 통해 건너가면 만날 수 있는 춘우정김선생투수순절추모비가 있는지는 알지 못했다.

동진강변 유역에서 태어난 춘우정은 일제강점기 수탈의 이동로를 따라 만경강에서 순절을 시도하였고, 금강변의 군산감옥에서 단식 끝에 순국하였다. 특히 신창진에는 일제가 1933년에 건설한 새창이다리가 있는데, 이 다리는 운암제를 세워 섬진강 물을 동진강으로 유역변경하여 김제

광활 간척지에 농업용수를 공급하고 그곳에서 생산된 쌀을 수탈하여 군산항으로 실어 나르기 위해 세웠다. 그 새창이다리가 있는 만경강변 동지산리에 자정 순국한 김영상 선생의 투수순절비가 세워진 것이다. 이곳에 세워신 순절비 뒷면에는 춘우정이 군산감옥으로 이송될 때 함께 동행했던 손자 환각(煥珏)에게 남겼던 의대찬(衣帶讚)의 문구를 새겨놓았다. 선생이 순국한 이후 일제는 이곳 만경강에 1920년 대아저수지를, 1929년에는 섬진강에 운암제를, 1927년에는 동진강에 낙양리 취입수문을 건설하여 호남평야와 광활 간척지의 쌀을 수탈하여 금강을 통해 일본으로 실어 날랐다. 이곳 만경강 새창이다리에서 서쪽으로 나아가면 미래로 가는 새만금방조제가 위치한다. 춘우정 김영상 선생이 일제에 항거하며 만경강에서 투수 순국투쟁을 행한 의로움이 더욱 빛나기를 소망한다.

태인향교와 태인동헌

① 태인향교

태인면 소재지의 태성리에 위치한 성황산의 남쪽 기슭에 세워진 태인향교는 "1421년(세종 3) 현유(賢儒)의 위패를 봉안, 배향하고 지방민의 교육과 교화를 위하여 태인면 서쪽 3리 지점에 창건되었다. 1510년(중종 5) 현재의 위치로 이전하였으며, 1592년(선조 25) 임진왜란 때 소실되었다가 그

태인향교 만화루 편액,
정사중하내옹서(丁巳仲夏耐翁書).
2018년 12월 28일 촬영.

태인향교. 2014년 7월
7일 촬영.

뒤 복원하였다."[19] 향교의 홍살문을 지나자마자 정문인 만화루(萬化樓)가
있는데, 현판 좌측에 '정사중하내옹서(丁巳仲夏耐翁書)'라는 기록에서 정사
년은 1797년(정조 21)으로, 내옹은 태인 현감 조항진(趙恒鎭)의 호이므로 만
화루가 세워진 시기를 이때로 보고 있다. 『신태인백년사』의 태인 현감 목
록에 보이는 조항진의 근무 기간이 갑인년 1794년에서 기미년 1799년 사
이임을 감안할 때 정사년은 1797년이 된다. 면암 최익현의 태인의병이 무
성서원을 떠나 처음으로 진을 펼친 곳이 이곳 태인향교이다.

    ② 태인동헌
태인동헌은 태인향교의 동편에 위치하고 있는데, 현재 태인초등학교와 바
로 붙어 있다. 「해동전도(海東全圖)」에 나와 있는 태인현 지도를 보면 아사
(衙舍)와 객사(客舍) 그리고 창고 등의 건물들이 보이는데,[20] 지금은 동헌 건
물만 남아 있다. 동헌 건물 정면에는 고을을 편안하게 잘 다스린다는 '청
령헌(淸寧軒)'이라는 현판이 걸려 있다. 현판에 적힌 '갑진맹추상한(甲辰孟秋
上澣)'의 갑진은 1844년을 의미한다. "이 현판은 순조의 장인인 김조순이

[19] "한민족문화대백과"(https://terms.naver.com, 검색일: 2018년 11월 6일)
[20] 서울대규장각한국학연구원, 고지도해동전도 下(서울: 해동지도연구소, 2012), 16.

태인동헌. 2014년 7월 7일 촬영.

쓴 것이다. 지금은 비어 있으나 일제강점기 때부터 초등학교 교실로 사용되어 창문 등이 변형되었다."[21] 청령헌 현판을 제작하였을 당시 태인 현감은 피향정 비석군에서 만나게 될 조규순(趙奎淳)이었다. 태인동헌은 1976년 4월 2일 전라북도유형문화재 제75호로 지정되었다. "태인동헌은 중종 때 태인 현감 신잠(申潛)이 세웠고, 1816년(순조 16)에 중건하였다"[22]고 하였는데, 청령헌상량기(淸寧軒上梁記)에 "숭정기원후[23] 사병자(崇禎紀元後四丙子) 사월십오일 갑자 사시 입주(四月 十五日 甲子 巳時 立柱), 동월 이십일 사사 인시 상량(同月 二十日 巳巳 寅時 上樑)했다"는 기록을 토대로 한 것이다. 참고로 이 시기에 현감은 김리회(金履會)였는데, 그의 관직명이 이 상량문에 지현(知縣)으로 기록되어 있다. 조선시대 교육기관이었던 태인향교와 관아였던 태인동헌에는 한말 중기 태인의병의 역사를 간직하고 있다.

[21] 전북역사문화학회, 전라북도금석문대계 4(전주: 신아출판사, 2010), 268.

[22] "두산백과"(http://www.doopedia.co.kr, 검색일: 2018년 11월 6일)

[23] 숭정기원후는 명나라 마지막 황제인 숭정제의 연호인데, 1628년이 원년이 된다.

우리가 익히 알고 있는 "호랑이는 죽어서 가죽을 남기고 사람은 죽어서 이름을 남긴다"는 고사성어 '표사유피인사유명(豹死留皮人死留名)'[24]이 있다. 태인의 피향정에서 사람의 향기를 생각해보며 '유방백세(流芳百世)'와 '유취만년(遺臭萬年)'이라는 고사성어를 떠올려 오늘 우리의 이름을 닦아보는 시간을 가져본다. 보물 제289호인 정읍 피향정은 북으로 성황산을 배경으로 하며 남으로 동진강을 바라볼 수 있는 곳에 위치한다. 이곳 안내문에는 아래와 같이 소개하고 있다.

피향정은 호남 제일의 정자이다. 원래 이 정자의 앞과 뒤에 상연지, 하연지 연못이 있었으나 상연지는 일제강점기에 메워지고 현재는 하연지만 남아 있다. 연못에 핀 연꽃의 향기가 주위에 가득하다 하여 '피향정'이라고 하였다. 신라 정강왕(定康王, 재위 886~887) 때 이 고을 태수를 지내던 최치원이 이곳 연못가를 거닐며 풍월을 읊었다고 한다. 현재의 건물은 1716년 현감 유근이 고쳐 지은 것이다.

피향정. 2014년 7월 7일 촬영.

❷❹ 구양수(歐陽修)가 쓴 『신오대사(新五代史)』 열전(列傳) 사절전(死節傳)

한편 『증보문헌비고』에 의하면 "광해군 집권 시기에 2년여 동안 태인 현감을 지낸 이지굉(李志宏)이 중건하고 현종 때 박숭고가 확장 중건하였으며, 1716년(숙종 42) 현감 유근이 전라 감사와 호조에 교섭하여 정부의 보조로 재목을 변산에서 베어다가 현재의 규모로 건물을 세웠다고 한다."❷ 피향정은 왼쪽 페이지 사진에서 보는 것처럼 정면 5칸, 측면 4칸의 20칸 건물이다. 따라서 기둥이 총 30개여야 하지만, 건물의 중앙 부분에 2개의 기둥을 세우지 않았기 때문에 28개이다.

피향정 비석군

'호남제일정'이라는 명예를 안고 있는 이곳 경내에는 여러 인물의 비가 정자 북편에 일렬로 배치되어 있다. "이곳에 군락을 이루고 있는 고비군들은 모두 태인지역 전역에 흩어져 있던 비석들로 정확한 연대는 알 수 없으나

피향정 비석군. 조규순 영세불망비(좌측 끝)와 홍범식 군수 선정비(우측 끝). 2014년 7월 7일 촬영.

❷ "한민족문화대백과"(https://terms.naver.com, 검색일: 2018년 11월 6일)

피향정 경내에 있는
이서구와 홍범식의
선정비. 2018년 5월
25일 촬영.

1970년대 초반 이곳으로 옮겨 배열한 것으로, 일부는 땅에서 파내고 일부는 버려진 것들을 새롭게 재정비했다."[26] 이곳에 있는 21기의 고비군은 과거 태인 현감, 전라도 일대를 암행했던 순찰사와 암행어사를 기리는 공적비 등으로 이루어져 있는데, 원래 이 자리에는 순찰사 이서구와 과거 태인 군수 홍범식의 비석이 있었던 것으로 전해진다. 이름을 날리기 위해 세워진 많은 비 중에서 '유방백세(流芳百世)'와 '유취만년(遺臭萬年)'을 비교해볼 수 있는 두 인물을 만나본다.

먼저 홍범식 군수의 선정비를 보면 '군수홍후범식애민선정비(郡守洪侯範植愛民善政碑)'라 새겨져 있으며, 1910년 11월 경술년(庚戌年 十一月)에 세웠다는 표기가 있다. 뒷면에는 '흥학선치(興學善治) 향인입비송덕(鄕人立碑頌德) 경술입절(庚戌立節)'이라고 쓰여 있다. "홍범식은 금산 군수 재직 중에 국망의 소식을 듣고 금산의 조종산에 올라가 목매 죽었다."[27] 홍범식은 『임꺽정』의 저자 벽초 홍명희의 부친이기도 하다. 네이버캐스트에 실린 아들에게 남긴 유서의 일부분을 소개하면 다음과 같다.

기울어진 국운을 바로잡기엔 내 힘이 무력하기 그지없고 망국노의 수치와

❷ 한국문화원연합회전북도지회, 전북지방의 선정 · 공적 · 기념비(전주: 신아출판사, 2012), 552.
❷ 오영섭, 한말 순국 · 의열투쟁(천안: 경인문화사, 2009), 278.

금산 조종산에 세워진 홍범식 군수 순절비와 순절지비. 2019년 1월 5일 촬영.

설움을 감추려니 비분을 금할 수 없어 스스로 순국의 길을 택하지 않을 수 없구
나. 피치 못해 가는 길이니 내 아들아 너희들은 어떻게 하던지 조선 사람으로 의
무와 도리를 다하여 빼앗긴 나라를 기어이 되찾아야 한다. 죽을지언정 친일을 하
지 말고 먼 훗날에라도 나를 욕되게 하지 말아라. **❷❽**

　　홍범식이 자결하면서 아들에게 남긴 "죽을지언정 친일을 하지 말라"
고 한 유언 속에서 우리는 그의 선비정신을 읽을 수 있다. "대한제국에는
360여 명의 군수가 있었으나 정충대절의 절개를 지킨 군수는 금산 군수
한 사람뿐이었다"**❷❾**는 기록에서 당시 홍범식이 보여준 절개가 얼마나 고
귀한 것이었는지를 알 수 있다. 네이버캐스트에서는 홍범식의 순절지를
'금산현의 객사'라고 하였으나 『한말 순국 · 의열투쟁』과 『금산문화유산』
의 기록을 통해 볼 때 금산현 객사가 아닌 조종산인 것으로 보인다. 금산
읍에서 서쪽으로 멀지 않은 곳에 조종산이 있는데, 정상부에 홍범식의 순

❷❽ "네이버캐스트"(https://terms.naver.com, 검색일: 2018년 11월 6일)
❷❾ 금산군수, 금산문화유산(금산: 타오기획, 2010), 122-123.

현감조후규순영세불망비
(縣監趙侯奎淳永世不忘碑).
2014년 7월 7일 촬영.

계사이월일자병갑이고부군수건각
개수(癸巳二月日子秉甲以古阜郡守
建閣改竪). 2014년 7월 7일 촬영.

절비와 순절지비가 세워져 있는 것이 이를 뒷받침한다.

　홍범식의 선정비와 대조되는 또 다른 비는 조병갑의 아버지였던 조규순 영세불망비이다. 비의 앞면에는 '현감조후규순영세불망비(縣監趙侯奎淳永世不忘碑)', 뒷면에는 '계사이월일자병갑이고부군수건각개수(癸巳二月日子秉甲以古阜郡守建閣改竪)'라고 쓰여 있다. 이 비는 동학농민혁명의 고부 봉기의 직접적인 원인 중의 하나가 된 조병갑의 탐욕 역사를 보여주는 증거가 된다. 뒷면에 표기한 계사년(癸巳年)은 동학농민혁명이 발발하기 1년 전인 1893년을 의미한다. 조병갑은 아버지 조규순을 위한 비각을 세운다는 명분으로 주민을 수탈했다. 조병갑의 아버지 "조규순은 1841년(헌종 7)부터 1845년(헌종 11)까지 태인 군수를 역임"[30]한 바 있는데, 그의 아들 조병갑은 "아버지가 선치(善治)를 했으므로 그 공덕을 기리기 위하여 동민들이 추렴해서 비각을 세워야 한다고 강요했다. 이때 거두어들인 돈은 1천

---

[30] 신태인읍지 편찬위원회, 앞의 책, 341.

냥에 이르렀다"[31]고 하였다. 조규순이 실제로 선치(善治)를 했을 수 있다. 그렇다고 하더라도 아들이 아버지의 선정비를 세우기 위해 백성으로부터 그 비용을 강요했다면 이는 목민관으로서 행할 일이 아니다. 전봉준 장군이 첫 번째 공초에서 고부봉기의 사연으로 네 가지를 들었는데, 그중 세 번째가 조규순의 비각을 세운다고 1천 냥을 수탈했다[32]고 한 것이었다.

한편 경상남도 함양의 상림공원에 조병갑과 조규순 부자의 선정비가 세워져 있다. 피향정이나 상림공원이 최치원과 관련된 곳이라는 점과 두 부자의 선정비와 관계된 곳이라는 묘한 공통점을 가지고 있다.

피향정 내부에 걸린 편액을 전부 살피던 중에 조병식(趙秉式)이 눈에 들어왔다. 조병식은 사촌인 조병갑의 뒷심이 되었던 것으로 알려진다. 이곳 피향정에 있는 조병식의 편액 무인년은 1878년으로, 그가 1876년 충청도 관찰사가 되었다가 1878년 탐학하다는 죄로 전남 지도에 귀양 간 뒤 1879년 풀려나오던 시기이다. 반면 조병갑은 함양 군수에서 김해 부사로 이동한 해이기도 하다. 조병식은 충청도 관찰사 시절 동학교도들이 교조의 신원청원서를 냈을 때 이를 묵살하였고, 오히려 동학교문에 탄압과 기

피향정 안에 걸린 조병식의 편액. 무인년은 1878년으로 여겨진다. 2018년 5월 25일 촬영.

[31] 신복룡, 앞의 책, 95.

[32] 김삼웅, 녹두전봉준평전(서울: 시대의 창, 2013), 524.

찰을 강화함으로써 사태를 더욱 악화시켰다. 1893년 1월 정부의 무마책으로 경질되었다. 조병식은 조유순의 아들인데, 같은 형제 중에 을사늑약 이후 순국한 조병세가 있다. 조병식이 무인년에 이곳 피향정에 들러 남긴 시를 만나본다.

此邑卽先人莅治之所也[차읍즉선인리치지소야]
이 읍은 곧 선친께서 관직에 임해 다스리던 곳이다.

不可無感懷[불가무감회]
감회가 없을 수 없으니

略記數語以題亭壁云爾[략기수어이제정벽운이]
간략히 몇 글자를 적어 이를 정자 벽에다 써서 (걸어) 둔다.

蒼黃行色趁秋初[창황행색진추초]
푸르고 누런 행색에 초가을에 달려오니

款款州人意不疎[관관주인의불소]
다정한 고을 사람들 마음이 성글지 않네.

某水某邱記前度[모수모구기전도]
저 물가와 저 언덕은 지난날을 기억는데

無情風雨廿年餘[무정풍우입년여]
무정히 비바람 속에 이십여 년 만이로다.

下上沼池朝氣寒[하상소지조기한]
위아래 연못에는 아침 기운이 차가운데

乍遊如惜別離難[사유여석별리난]
잠간 노닌 것이 애석한 듯 이별도 어렵네.

此亭此日無從淚[차정차일무종루]
이날 이 정자에서 하염없이 눈물 흘리니

灑盡溪山一笑看[쇄진계산일소간]
말끔하게 씻긴 계산도 웃으며 바라보네.

이 시의 '先人蒞治之所也(선인리치지소야)'는 조병식의 아버지인 조유
순이 1850년 4월부터 1853년 8월까지 태인 현감을 역임했던 것을 말한
다. 아마도 1878년 무인년 그가 충청도 관찰사였다가 지도로 귀양을 가던
것과 관련이 있는 것으로 보인다.

피향정에 세워진 조규순의 영세불망비는 동학농민혁명의 출발인 고
부봉기의 발단이 된 이유 중의 하나이다. 비에는 눈에 보이지 않는 향기를
피워낸다. 피향정과 주변에 세워져 있는 비석군이 역사·문화 콘텐츠로
서 담아내야 할 가치는 그 비석에 새겨진 이름들이 역사 속에서 피워내고
있는 향기에 있다. 1894년 동학농민혁명이 일어난 지 124년이 되는 2018
년, 연꽃 향기를 피워내던 피향정에서 유방백세와 유취만년의 교훈을 되
새겨보고자 한다. 이곳에 세워진 조규순 선정비와 홍범식 선정비, 그리고
피향정 안에 걸린 조병식의 편액 등을 통해 '표사유피인사유명(豹死留皮人
死留名)'이 던지는 의미를 되새겨보는 것이 콘텐츠의 목적이다.

동학혁명군의 성황산 전투

정읍 태인면과 칠보면은 바로 붙어 있다. 고을에 있는 성황산이 지척에 두
고 칠보와 태인 두 곳에 모두 존재한다. 이는 옛 현이 칠보에 있다가 태인
으로 옮겨왔기 때문이다. 피향정의 남쪽 마당을 지나 언덕에 있는 태인 중
앙교회 부근에서 태인면의 북쪽을 바라보면 태인 고을의 주산인 성황산

---

❸ 현판의 시를 옮기고 번역하는 작업은 이정우 선생이 맡아주었다.

태인 중앙교회에서 바라본 피향정과 성황산. 2018년 12월 28일 촬영.

이 한눈에 들어온다.

　　과거 태산군의 위용을 자랑했던 태인이 오늘날 태인면으로 쇠락(衰落)했지만, 태인동헌과 태인향교 그리고 피향정을 품고 있는 이곳 태인의 성황산은 동학농민혁명에서 전봉준 장군의 농민군이 최후의 격전을 벌였던 곳이다. 전봉준 장군은 동진강을 두고 북쪽과 남쪽을 오가며 정읍을 중심으로 생활하였다. 고창에서 태어나 이곳 정읍의 이평, 태인과 산외면, 산내면, 김제 원평 등지에서 거주했던 그에게는 익숙한 공간이었다.

　　정읍천이 동진강에 들어가는 만석보에서 출발한 동학농민혁명군이 공주의 이인과 우금치 일대에서 초전을 승리로 이끌다가 일본군의 우세한 무기 앞에 패한 뒤 논산, 강경 등지로 후퇴하며 일본군과 관군의 반격에 패전을 거듭하다가 전주성을 거쳐 금구의 구미란에서 전력을 보충 받아 수천 명의 병력으로 재기를 도모하였으나 패하고 말았다. 그리고 남은 병력을 재정비하여 전투태세를 갖춘 곳이 태인 성황산이었다. 이곳 태인의 성황산은 남쪽에서 바라보면 동쪽으로 항가산이 이어져 태인을 감싸안은 지세를 이루고 있다. 반면 서쪽으로는 신태인으로 향하는 평지와 동진강이 흘러가는 곳이다. 이곳에서 벌어진 전봉준 장군과 손병희 장군의 연합부대와 일본군과 관군의 연합 전력과의 전투상황을 만나본다.

조선을 침략한 일본군을 몰아내기 위하여 제2차 기병을 통해 삼례를 거쳐 논산, 공주 우금치에서 전투를 치르고 일본군과 관군에게 밀려 논산, 강경, 전주, 원평을 거쳐 이곳 태인의 성황산(城隍山)·항가산(閑加山)·도리산(道理山) 일대에서 5~6천 명의 병력으로 1894년 11월 27일 아침부터 저녁 9시까지 3차의 공격을 막아내며 막상막하의 전투를 벌였다.**③④**

태인의 성황산에서 벌어진 전봉준 장군의 동학농민혁명군의 마지막 전투는 패전으로 끝났다. 고을을 지켜주는 성황신을 모시고 있는 성황산의 힘을 빌려 기울어가는 나라를 지켜내고 싶었을 혁명군은 일본제국주의의 침략 앞에 반외세·자주의 꿈을 내려놓을 수밖에 없었다. 성황산 마지막 전투를 끝으로 전봉준 장군은 부대를 북쪽의 원평으로 옮긴 뒤 해산하였다.

갑오년의 그 함성은 이제 들을 수 없지만, 성황산에 깃든 혁명군의 의로운 투혼은 세월이 흘러도 사라지지 않을 것이다. 전봉준 장군이 성황산을 떠난 뒤 12년이 지나 산 아래 태인동헌과 태인향교에 일제에 항거하고자 의병을 일으킨 면암 최익현의 태인의병진이 다시 진을 쳤다.

피향정의 넓은 공간에서 북쪽의 성황산과 동쪽의 항가산을 바라보며 이 일대에서 전봉준 장군의 농민혁명군이 치열하게 전투를 벌이며 최후의 항전을 벌인 의로운 향기를 떠올려본다. 당시 동학농민혁명이 실패로 끝난 이유와 오늘 우리 민족의 분단 현실을 다음에 소개하는 글을 통해 만나본다.

③④ 신용하, "갑오농민전쟁의 제2차 농민전쟁", 한국문화 14(1993), 430.

북풍을 타고 금강을 넘어
공산성 마루에서 숨을 고르는
저 혹독한 반역(反歷)의 세월을 맞는다.

민중을 짓밟아 달라
청군을 부른 저 조정의 쓰레기들
기회를 엿보다
잽싸게 쳐들어온 남쪽 바다 건너 왜놈들

우금치 너머 넘실대는
백의(白衣)의 열사들을 전멸코자
일제의 선진총포 앞세운 조선의 관군

산마루 좋은 자리 펼쳐놓고

누구나 인간인 세상
누구나 똑같은 평등의 세상
간악(奸惡)한 일제를 몰아내는 자주의 세상을 드높이
치켜 세워든 백의 물결을 향해

비웃듯 쏟아 붓는 저 가없은 역사 앞에서
부러 울고 싶었다.
아니 이 통곡의 우금치에서 목 놓아 울어야 한다.

아 적셔오는 눈물로 어찌 이들의 피를
어찌 저들의 스러짐을 위로할 수 있단 말인가

메마른 가슴이어도
닳고 닳아 눈물샘이 바닥났어도
눈물 없이라도 울어야 한다.

우금치를 넘는다.
역사를 만나고
스러져 남긴 혼들의 터를 매만진다.

백십팔 년 지난 그 우금치에 서니
남쪽 바람이 드세고 북풍이 사납다
태평양 너머 저 먼 바다에도 파도가 일렁인다.

오늘 내가 진정으로 살아있는 것이
비로소 눈물보다 더 큰 분노임을
알겠다. [35]

신태인 등록문화재

동진강 유역에서 신태인은 일제강점기 수탈의 상징적인 도시이다. '신태인'이라는 지명부터 수탈에 필요한 철도를 건설하면서 생겨난 이름이고,

[35] 이 글은 연구자가 2012년 11월 17일 대한민국자연생태체험연구회 교사들과 우금치를 넘으며 남긴 것이다.

호남선 신태인역. 2016년 1월 18일 촬영.

철도뿐만 아니라 쌀을 수탈하기 용이하게 도정을 하기 위한 도정공장과 많은 창고들이 즐비했던 곳이다. 호남정맥 너머 운암제와 산외면에 세워진 운암발전소, 낙양리에 세워진 취입수문 그리고 김제간선수로 등이 수탈을 위한 수리시설의 기간산업 분야였다면 신태인은 생산된 쌀을 가져가기 위한 도정과 운송의 중심이 되는 곳이었다.

신태인역, 3개나 되는 도정공장, 그리고 이들을 보관하기 위한 창고들이 이를 뒷받침한다. 동진강 유역의 간척사업부터 댐의 건설과 쌀 생산에 이르기까지 이 지역에 설립된 동진수리조합의 역할은 방대하였다. 1910년 이전부터 조선에서 농토를 사들인 일본인들은 경술국치 이후 일제의 지원하에 대규모의 농장을 소유하게 되었다. 동진강 유역에서 설립되었던 동진수리조합은 1919년 4월 8일부터 그 역사가 시작된다. 구마모토 리헤이(熊本利平)와 다키 구메지로(多木久米次郞)의 갈등으로 설립이 늦어지던 동진수리조합은 1925년 7월 9일 총독부에 설립인가를 신청하여 동년 8월 19일 설립인가를 받았다. 당시 조합원은 3,569명이었고 백 정보 이상 토지를 소유한 조합원은 11명이었고 1천 정보 이상 소유한 조합은

5명이었다. 동진수리조합은 운암제와 낙양리 취입수문 공사 등을 진행하였다.❸❻

신태인에 남아 있는 일제강점기 수탈의 현장을 군산의 근대문화유산 거리처럼 조성하여 다크투어리즘으로 활용할 수 있다면 도시재생과 맞물려 또 다른 관광지로 거듭날 수 있을 것이다. 동진강 유역 전체의 콘텐츠가 연결되어 있어 타 지역보다 자원이 풍부한 것이 장점이다. 특히 신태인역, 도정공장 터, 도정공장 창고 등을 그 예로 들 수 있다. 만경강 유역과 비교할 때 신태인은 춘포지역과 비슷한 특징을 가지고 있다. 현재 신태인읍에 조성되었던 일제강점기 수탈의 흔적들을 살펴보면 다음과 같다.

① 신태인 도정공장

안타깝게도 신태인 도정공장은 철거되어 더 이상 볼 수 없게 되었고 사진으로 옛 모습을 볼 수밖에 없게 되었다. 연구자가 교원연수를 진행하며 도정공장 창고 부근에서 안내를 하고 있는데, 지역의 한 주민이 나타나 "내가 이 도정공장 창고의 지붕을 수리했다"고 하면서 지난날에 있었던 이야기를 들려주었다. 아울러 서지말 도정공장의 자리를 직접 찾아 우리 일행을 안내해준 적이 있었다. 신태인역에서 북동 방향으로 나 있는 도로가 신태인 중앙로인데, 이 신태인 중앙로에서 좌측으로 나 있는 작은 도로의 이름이 서지길이다. 이 부근의 지명이 서지말, 즉 서지마을이 있었기에 서지말 도정공장이라는 이름이 붙은 것이다.

신태인에는 대형 도정공장이 셋이 있었는데 제2도정공장은 구보타 마사오(窪田正夫)가 소유하였고 제3도정공장도 일본인 소유였으며 제1도정공장은 아카기 미네타로(赤木峰太郎)가 1924년에 설립하여 소유했던 공장이었다. 아카기는 1924년부터 1945년까지 약 20년 동안 도정공장을 운영했다. 주로 자신의 농장에

❸❻ 위의 책, 77-78.

신태인의 서지말 도정공장. 출처: 신태인읍사무소 앞 전시물, 2014년 11월 21일 촬영.

서 나온 쌀을 가공하였는데 나중에 정부의 위탁을 받아 정부양곡가공공장 제1호로 등록되어 도정공장을 운영하였다. 각지에서 아카기 도정공장으로 모여든 쌀은 처음에는 도정공장 부지와 인근에서 건조되었으나 후에 일의 효율을 위해 도정공장에 건조장을 만들었다. 제1도정공장에 굴뚝이 생긴 것은 건조장이 생기면서부터였다.[37]

　서지말 도정공장은 군산의 근대문화유산거리, 완주의 삼례 문화예술촌처럼 지역재생사업으로 새롭게 태어날 수 있었는데, 아쉽게도 2007년 9월 허물어서 역사 속으로 사라졌다.

　그 당시 태인, 고부, 화호, 백산, 김제 일대의 평야지대에서 생산된 쌀은 이 공장에서 도정되었고 도정된 쌀은 신태인역에서 기차를 이용하여 군산항으로 보내진 후 일본으로 건너갔다. 일제강점기를 살아왔던 신태인 주민들은 이 도정공장을 일제에 의한 수탈의 상징으로 이해하고 있다.[38]

[37] 위의 책, 77-78.
[38] 위의 책, 79.

② 신태인 도정공장 창고(등록문화재 제175호)

역사를 간직한 신태인 도정공장은 그 흔적이 사라졌지만 도정공장 인근에 있는 창고는 등록문화재 제175호로 남아 있다. 최근까지도 대형 슈퍼마켓의 보조 창고로 쓰였던 이 창고는 수리와 새 단장을 통해 2017년 11월 24일 새로운 모습으로 태어났다. 정읍시 생활문화센터로 명명되어 내부 공간을 전시와 교육 공간으로 활용하고 있다. 이제 신태인 지역에 남아 있는 일제강점기 수탈의 흔적들을 보존하고 역사의 산 교육장으로 활용해야 하는 것은 일제강점기를 극복하는 데 있어 중요한 일이다. 신태인에 있는 등록문화재들의 보전과 활용은 역사교훈여행(다크투어리즘) 장소로서 신태인이 가지는 콘텐츠의 중요한 요소이다.

신태인 등록문화재 도정공장 창고. 2014년 8월 11일 촬영.

③ 신태인역

현재 우리는 고속열차를 이용하여 하루 생활권으로 활동하고 있다. 그런데 인류의 역사에서 철도는 산업혁명의 상징이요, 제국주의 침략의 상징이다. 우리나라에서 철도는 일본제국주의 침략의 첨병으로서 그 역할을 해왔다. 현재 호남선 신태인역은 역이 세워진 이래 그 자리에 그 철로가

1914년 세워진 신태인역.
출처: 신태인읍사무소
앞 전시물, 2014년 11월
21일 촬영.

존재한다. 역사(驛舍)만이 신식으로 바뀌었을 뿐이다. 일제 침략의 상징성은 철도이다. 경부선이 그렇고 호남선이 그러하며 전라선 역시 마찬가지이다. 신태인역은 일제의 수탈 역사를 안고 있다. 신태인역이 자리하고 있는 현재의 신태인읍은 조선시대 태인군에 속했는데, '서지말'이라고 불린 작은 마을이었다. 이 마을이 신태인읍에 이르는 과정을 살펴보면 다음과 같다.

1914년 4월 1일 정읍군 용북면이 되었다가 1935년 3월 1일 신태인면이라는 이름을 갖게 되었다. 행정구역으로서 신태인이라는 지명은 역명보다 21년 늦게 태어났다. 신태인역은 1912년 12월 처음으로 문을 열었고 1914년 1월 11일 호남선 첫 열차가 섰다. 작은 시골마을 서지말이 물류와 교통의 중심지가 되자 이 일대는 행정은 물론 산업의 중심지로 급격하게 성장할 수 있었다. 이렇게 해서 용북면의 소재지였던 화호리는 신태인면이 들어선 서지말에 그 역할을 내주어야 했다.❸⑨

---

❸⑨ 신태읍지 편찬위원회, 앞의 책, 59-61.

화호리 일제강점기 수탈 현장

동진강 유역 상부지역이 농업수탈을 위한 댐이나 발전소 같은 기간산업 시설이 배치되는 공간이라면, 중부지역에 해당하는 태인지역은 취입수문 이나 간선수로 같은 주요 수리시설의 분포지였고, 신태인읍은 수탈의 편 리를 도모하고자 하는 시설인 철도건설, 도정공장과 창고 등의 시설이 집 중 분포한 공간이다. 그리고 하부지역에 해당하는 화호리는 일본인 대지 주들의 생활공간이자 수탈의 본부 같은 역할을 한 중심지였다. 이곳에 살 았던 일본인 대지주들은 식민지 통치에서 특별한 의미를 가지고 있는데, 다음 글을 통해 그 의미를 만날 수 있다.

> 식민지 지주제는 일본제국주의가 조선농촌을 지배하는 중심 기구였으며 그 것이 성립, 발전, 해체되어가는 전 과정에 대한 분석은 한국근대사 연구에서 핵심 과제였다. 일제 지주의 농장건설은 대체로 일본 영사관의 지휘 아래 각 지주별로 거점을 정하여 주변을 집중적으로 확보해가는 방식이었다. 일본인 지주 사이의 불필요한 경쟁을 막고 토지를 한 곳에 집중적으로 마련하여 경영의 합리화를 기 할 수 있기 때문이었다.[40]

온통 평야뿐인 화호리 지역은 비록 해발고도는 얼마 되지 않지만 주 변지역이 전부 평야여서 상대적으로 높아 보이는 곳이다. 이 동산처럼 높 은 언덕이 자리한 화호리는 일본인 대지주들의 생활공간이었다. 화호리 동산에 올라서서 남서 방향으로 평야에 우뚝 솟은 백산이 자리한다.

[40] 최원규, "일본인 지주의 농장경영과 농외투자", 지역과 역사 17(2005): 229, 232.

화호리 전경. 낮은 동산이지만 주변지역이 평야지대여서 상대적으로 높게 보인다. 구마모토 농장 창고가 멀리서도 잘 보인다. 2016년 11월 9일 촬영.

화호리 구마모토 쌀 창고. 2014년 11월 21일 촬영.

① 화호리 구 일본인 농장가옥(등록문화재 제215호)

일본인 농장가옥이 위치한 이곳은 용서마을로 숙구지 서쪽에 있다. 숙구지는 화호를 가리키는 말이다. 당산나무 언덕에 일제강점기 구마모토 농장 사무실과 관리인 사택, 창고 등이 있던 곳이다. 이 언덕에 올라서면 누구나 이곳이 좋은 터라는 것을 느낄 수 있다. 이 언덕 주변에는 아직도 일본식으로 지어진 가옥들이 많이 분포한다. 당산 언덕의 남쪽에 자리 잡은

179 대한민국 근대유산 화호리 구 일본인 농장가옥은 등록문화재 제215호인데, 농장주인 구마모토의 집이다.

구마모토 리헤이(熊本利平)는 일본 나가사키현 출신으로 1902년 농장지배인으로 조선에 진출하였으나 1903년 10월에 출자자들로부터 독립하여 전북 옥구군 박면 내사리 및 태인군 화호리 두 지역에 농장을 개설하였다. 구마모토는 주로 일본에 살면서 개정과 화호에 가끔씩 들렀고 농장주의 집은 화호지장의 관리장인 주임이 지켰다. 구마모토는 우리 역사에서 일제강점기 당시 소작인들을 착취한 악독한 지주로 비친다. 구마모토는 높은 소작료를 받아 소작쟁의를 일으킨 장본인이었으며 해방이 되었을 당시 일본인들의 재산은 적산으로 처리되었기 때문에 대부분의 일본인들은 재산을 자국으로 가지고 돌아가지 못했다. 하지만 구마모토는 토지 중심의 자신의 재산을 은행에 저당 잡힌 후에 일본에 빼돌리는 데 성공하였고 자신의 재산 중 일부를 이영춘 박사가 운영하던 농촌위생연구소에 출자하기로 약속하였지만 이미 일본으로 빼돌린 뒤라 그 약속을 지키지 않았다.[41]

화호리 구 일본인 농장가옥, 등록문화재 제215호. 2015년 6월 20일 촬영.

[41] 신태인읍지 편찬위원회, 앞의 책, 65-71.

화호리 당산나무. 일제강점기 일본인이 점령했던 화호리의 상징인 당산나무가 죽어서 잘려나갔다.
전북교과통합체험학습연구회와 연구자가 진행한 동진강 교원연수. 2016년 11월 12일 촬영.

한편 구마모토의 농장 소작료는 다른 지주들의 소작지에 비해서 높았기 때
문에 "1934년 화호농장 소작인 400여 명이 정부와 농장주에게 소작료 인하 요구
진정서를 제출하였고, 1935년 5월에 재요구를 거쳐 1937년 11월 화호지장 소작
인 1,200명은 고율로 책정된 소작료를 납부하지 않겠다고 결의하기도 하였다."[42]

용서리 당산 언덕에서 동쪽 아래로 내려서면 골목길을 만날 수 있는
데, 이 골목길을 타고 내려오는 좌우에도 일본식으로 지어진 가옥들이 많
이 남아 있다. 일제강점기 당시에 이 언덕 주변으로 얼마나 많은 일본인이
살았는지 쉽게 짐작할 수 있다.

② 다우에 다로(田植太郎) 농장 사무실
2014년부터 이곳 화호리를 찾아 체험학습을 진행해온 연구자가 관찰해

---

[42] 위의 책, 78.

다우에 다로 농장
사무실. 2014년 7월 7일
촬영.

온 결과 다우에 농장 사무실 건물은 이제 완전히 무너지기 전 단계에 이르렀다. 농장주 구마모토 가옥이 등록문화재로 등록되어 있는 반면에 다우에 농장 사무실 건물은 등록문화재에 해당하지 않는다. 다우에 농장 사무실 겸 살림집으로 사용되었던 건물은 해방 이후 화호우체국이 되었다가 개인에게 소유권이 이전된 후 폐가가 되었다.

　　다우에 다로는 화호리 일대에 225정보의 토지를 소유하고 있었으며 연간 벼 7천 석의 수확을 올린 대농장주로 500여 명의 소작인을 거느렸다. 1913년 30세 되던 해에 동양척식주식회사에서 모집한 이민을 통해 조선으로 들어왔다.[43] 구마모토와 달리 다우에는 소농으로 시작해서 대농장주로 올라섰다. "직접 화호에 거주하면서 농장을 경영하였고, 지역의 원로들은 그가 은행에서 저리로 융자를 받아 조선인들에게 돈을 빌려준 후 고리대금업으로 화호에서 농토를 늘렸다고 전한다. 이러한 그의 전력 때문에 한국 소작인들의 기억 속에 다우에는 좋지 못한 사람으로 남아 있다.[44]

[43] 위의 책, 71.
[44] 장성수 외, 20世紀 화호리의 경관과 기억(서울: 눈빛, 2008), 77.

③ 다크투어리즘으로 보는 화호리의 가치

화호리는 다크투어리즘에서 바라볼 때 다양한 요소를 가지고 있다. 군산 근대문화유산거리, 전주 한옥마을, 삼례 문화예술촌 등 지역자원의 문화 콘텐츠를 활용하여 도시재생이나 관광 등에 접목하고 있는 사례에서 보 듯이 신태인읍을 포함한 화호리가 가지고 있는 자원들은 앞의 선행연구 에서 살펴본 바와 같이 이 지역의 농촌관광은 물론 지역 역사의 체험을 통 해 일제강점기 한반도 수탈의 큰 그림을 만날 수 있다.

또한 화호리는 일제강점기 조선인이 일본인 대지주들의 소작인으로 살아가면서도 그들의 횡포에 저항하여 소작쟁의(小作爭議)를 벌였던 일종 의 농민운동을 접근할 수 있는 곳이기도 하다. 이러한 소작쟁의를 김동노 는 "식민통치라는 극단적 상황 속에서 피식민지인으로서 농민들이 가질 수도 있었던 민족정신은 충분히 성숙되지 못한 채 협소한 계급 적대감으 로 변형되고 말았으며, 이는 식민지 시기 조선에 근대적 제도들이 도입되 면서 조선인들이 지불해야만 했던 대가였던 것이다"[45]라고 하였지만, 김 제광활 간척사업을 주도하였던 "아베 후사지로(阿部房次郞)처럼 일본인 대 지주들의 위치와 그들 뒤에 배경이 되었던 조선총독부를 고려"[46]할 때 조 선 농민들의 소작쟁의는 당시 사회에서 그 의의가 크다고 할 수 있다. '화 호리 일제강점기 수탈 현장' 콘텐츠에서는 "화호리의 문화 콘텐츠적 가치 와 의의는 단순히 화호리가 일본에 의한 근대 식민 신도시였다는 점에서 나오지 않는다. 화호리에 있는 일본인 가옥은 많이 허물어졌고, 신태인의 도정공장 역시 헐리고 없다. 화호리의 문화 콘텐츠적 가치는 오히려 화호 리에서 보낸 시간을 기억하고 있는 사람들의 이야기 속에서 발현된다"[47] 고 한 것처럼 현재 남아 있는 수탈 현장들을 찾아 역사교훈으로 삼는 것도

---

[45] 김동노, "일제시대 식민지 근대화와 농민운동의 전환", 한국사회학 41(1)(2007), 218.

[46] 강명진, 앞의 글, 113-114.

[47] 이종주 · 이정훈, 앞의 글, 179.

화호리의 죽은 당산나무 주변에 있는 일제강점기 일본인 가옥들. 2019년 2월 7일 촬영.

중요하지만, 그곳에 살았던 사람들의 기억과 삶의 형태를 깊이 들여다보는 것에서 더 많은 역사교훈을 얻어내는 것이 이곳의 콘텐츠가 담아야 할 가치라고 본다.

소설 『아리랑』과 아리랑 문학관

동학농민혁명의 발단이 된 만석보, 10여 년 뒤 태인 무성서원에서 발발한 태인의병, 그리고 이어지는 호남의병의 대학살 사건인 일제의 '남한대토벌작전(南韓大討伐作戰)'[48]이 이어지고 급기야 경술국치로 나라가 사라졌다. 토지조사령으로 시작되는 일제의 수탈, 그 기나긴 일제강점기가 동진강 유역의 호남평야에서 행해진다.

[48] 일제는 국내에서 활동하는 의병세력을 완전히 진압할 목적으로 1909년 9월 1일부터 10월 30일까지 2개월에 걸쳐 의병세력의 주요 근거지인 전라남도 및 그 외곽지대에 일본군 등을 배치하여 초토화 작전을 펼쳤다. 이로 인해 근거지를 상실한 국내 의병세력은 중국 만주 및 러시아 연해주 등지로 이동하게 되었다(http://encykorea.aks.ac.kr, 검색일: 2018년 11월 14일).

조정래 소설 『아리랑』은 1990년 12월 『한국일보』에 연재되기 시작하여 1995년 7월에 완결된 대하 장편소설이다. 소설의 형식을 빌린 역사서의 기능을 하고 있다. 『아리랑』의 출발은 동학농민혁명으로부터 시작한다. 이 소설의 주인공 송수익은 동학혁명군으로부터 의병장을 거쳐 만주로 망명하여 독립운동을 전개하는 지식인이다. 소설 『아리랑』에서는 최익현과 임병찬 같은 실존인물을 등장시켜 태인 무성서원의 태인의병을 묘사하고 있다. 송수익은 만주로 망명하여 우당 이회영의 신흥무관학교를 찾아가 독립군 양성에 자신의 힘을 보탤 것을 다짐한다. 송수익 자신도 신채

아리랑 문학마을
감골댁 집.
2016년 11월 9일 촬영.

아리랑 문학마을
송수익의 집.
2016년 11월 9일 촬영.

동진강에 흐르는 아리랑 교과통합체험을 마치고 아리랑 문학마을에서 소설 속의 지식인
송수익의 삶을 듣고 있다. 전북지역 교원연수. 2016년 11월 12일 촬영.

호와 이회영처럼 아나키즘을 받아들이며 아나키스트로 변신한다.

소설 『아리랑』은 동학으로부터 의병항쟁 그리고 만주로 망명하여 항일무장독립전쟁으로 이어가는 우리 민족의 불굴의 항일정신을 담아내며 해방 시기까지의 역사를 다루고 있다. 동진강 유역의 콘텐츠 개발에서 역사·문화 영역 중 문학 부문에서 소설 『아리랑』을 콘텐츠에 포함하고자 한 것은 『아리랑』의 출발지가 동진강 유역이고 그 전개 과정의 한복판이 태인으로부터 죽산 그리고 군산을 포함한 호남평야이기 때문이다.

또한 주인공 송수익은 당대 지식인이 시대적 요구에 맞게 외롭지만 의롭게 가야 했던 길을 당당히 걸어갔던 하나의 모범이 되는 인물이었다. 동진강의 상류이자 옥정호로부터 출발하며 만났던 역사적 인물들이 소설 속에 그대로 실명으로 등장한다. 아리랑 문학마을에는 소설 『아리랑』 속의 두 인물 감골댁과 송수익의 집을 조성하여 체험학습장소로 활용하고 있다.

소설 『아리랑』을 동진강 유역에서 교과통합적인 하나의 콘텐츠로 세우고자 한 것은 소설에서 표현되고 있는 자연지리적 요소, 수리시설과 간척사업 영역, 그리고 역사·문화 영역의 콘텐츠 등을 총망라하고 있기 때문이다. 또한『아리랑』의 주인공 송수익은 연구자가 계화도 계양사의 간재 전우와 시대가 요구하는 지식인의 표상으로 비교 대상이 되는 인물로 설정하고 있어 본 지역자원 콘텐츠 개발에서 콘텐츠가 담아내야 할 정신 중의 하나이다.

② 아리랑 문학관

소설『아리랑』의 콘텐츠는 동진강 상류지역에서 하류지역으로 이동하면서 자연스럽게 접근할 수 있다. 아리랑 문학관을 곧바로 찾아가는 것은 소설『아리랑』의 가치를 제대로 활용할 수 없다. 연구자가 개발한 자연지리 콘텐츠, 수리시설 콘텐츠, 역사·문화 콘텐츠를 동진강을 따라 내려오며 학습한 뒤 먼저 아리랑 문학마을을 찾아 소설 속의 등장인물들을 만나고 이어서 아리랑 문학관을 찾는다면 소설『아리랑』의 콘텐츠가 가지는 깊은 가치와 소중한 교훈을 가슴으로 담아낼 수 있다. 아래 사진은 교원연수과정에서 아리랑 문학마을을 먼저 체험하고 아리랑 문학관을 활용하고 있는 모습이다.

아리랑 문학관 교원체험연수. 2016년 11월 12일 촬영.

동학혁명 백산창의비

동학혁명 백산창의비가 세워진 부안 백산성은 사적 제409호로 부안읍 백산면 용계리에 위치한다. 백산은 해발 47.4m의 낮은 산이나 주변의 지형과 비교하여 상대적으로 높고 고부천과 동진강의 두 물이 합수되는 지역에 있어 고대 시기부터 군사상의 주요 거점이 되어왔다. 이곳에서 동쪽으로 위치한 호남정맥 부근에서 지질 콘텐츠를 살펴보았는데, 이곳 백산은 호남평야의 기반암을 이루고 있는 중생대 화강암으로 이루어져 있다. 평야지대에서 암석을 확인할 수 있는 곳이 이곳 백산이다. 백산에는 산성이 있으며 삼국시대 토기와 기와 조각이 발견되었다. 이곳 백산에 동학혁명 백산창의비가 세워져 있다.

옥정호 너디마을과 정읍 산내면 종성리에서 김개남과 임병찬의 충돌로부터 시작된 역사·문화 콘텐츠는 동학농민혁명과 항일의병항쟁, 일제강점기 수탈 현장 등 세 가지 큰 줄기를 가지고 이어져왔다. "1894년 3월 20일, 봉기를 위한 만반의 태세를 갖춘 농민군은 무장포고문을 선포하여 농민군이 일어선 뜻을 분명히 밝혔다. 동학농민군 지도자 전봉준·김개

부안 백산. 2019년 2월 7일 촬영.

백산을 이루고 있는
중생대 쥬라기 화강암.
2014년 8월 11일 촬영.

남·손화중 등이 농민군을 이끌고 고창과 홍덕으로 가서 장비를 점검하고 23일 고부로 나아갔으며", [49] 이후 백산에 집결하여 백산 격문을 발표하였는데, 그 내용은 다음과 같다.

우리가 의를 들어 이에 이름은 그 본의가 결코 다른 데 있지 아니하고 백성을 도탄에서 건지고 국가를 반석 위에 두고자 함이라. 안으로는 탐학한 관리의 머리를 베고 밖으로는 횡포한 강적의 무리를 내쫓고자 함이라. 양반과 부호에게 고통을 받는 민중들과 방백과 수령의 밑에 굴욕을 받는 소리(小吏)들은 우리와 같이 원한이 깊을 것이니, 조금도 주저치 말고 이 시각으로 일어서라. 만일 기회를 잃으면 후회하여도 미치지 못하리라. [50]

이 백산격문 속에는 동학농민혁명군이 당시 내부적으로 탐학관리의 목을 베고 밖으로는 횡포한 강적의 무리를 구축한다는 창의의 목적을 분명하게 밝히고 있음을 알 수 있다. 특히 이 백산봉기에서 외세를 구축하겠다는 의지를 담고 있음을 확인할 수 있는데, 이는 동학농민혁명의 전개

[49] 이태룡, 고창동학농민혁명과 의병(서울: 푸른소나무, 2014), 36-39.
[50] 조광환, 앞의 책, 32.

동학혁명 백산창의비.
2016년 11월 12일 촬영.

과정에서 중요한 내용이다. 백산창의를 조사하면서 이곳 백산에 진을 치고 창의한 날짜를 찾아보고자 하였으나 찾을 수 없었다. 그런데 2016년 조성운이 그의 논문에서 "부안군 주산면에 거주하였던 기행현이 23살 때인 1866년부터 1911년까지 약 45년간 일상과 견문을 기록한 일기인 홍재일기(鴻齋日記)의 갑오 3월 27일의 기록에 나와 있는 '동학군이 어제 백산으로 진을 옮겼는데 오늘 우리 고을에 들어온다'고 한다"[51]는 기록을 토대로 백산에 진을 친 것은 1894년 3월 26일임을 밝힌 데서 백산창의는 1894년 3월 26일이었음을 알 수 있다.

동학혁명 백산창의비 콘텐츠에서는 동학농민혁명의 창의의 행동강령을 만나보고 동학정신이 계승·발전해가야 할 방향을 담고자 하는 것이 핵심이다. 한편 동학혁명 백산창의비의 콘텐츠에서는 전봉준과 소설 『아리랑』 속 주인공 송수익이 걸어간 당대 지식인의 길을 오늘에 투영하고자 하였다.

---

[51] 조성운, "부안지역 동학농민운동과 백산대회", 역사와 실학 61(2016), 336-337.

간재(艮齋) 선생 유지

옥정호 주변의 종성리 호남의병전적지에서 출발한 역사 · 문화 콘텐츠는 자연지리 영역과 수리시설 영역 콘텐츠와 함께 유역을 변경하여 동진강 유역으로 들어와 상류에서 중류를 거쳐 하류를 통해 이곳 계화도 계화산 앞에서 끝을 맺는다. 성리학자 전우(田愚)가 이곳 계화도(界火島)에 들어온 것이 경술국치 이후인 1912년의 일이다. 동진강 유역의 상류에서 하류로 내려오면서 만나는 역사적 사건인 1894년 동학농민혁명, 1906년 한말 중기의병, 1910년 경술국치 이후 이어지는 간재(艮齋)의 계화도 정착과 도학 연구 및 제자 양성은 시기적으로 마지막 순서에 해당한다. 따라서 앞선 역사적 사건들을 정리하고 그 속에 등장하는 역사적 인물들의 성격과 의의를 찾아내는 것이 간재학파와 전우를 이해하는 데 도움이 된다. 또한 간재학파의 사상적 특징을 통해 당대 지식인들의 사명이 어떤 것이어야 하는가를 접근하고자 하는 것이 계양사와 간재 전우의 콘텐츠를 개발하고자 하는 목적이다.

계양사는 간재 선생 유지라는 이름으로 1974년 9월 27일 전북기념물 제23호로 지정되었다. "648m²가량의 유지는 자연석 담장으로 둘러싸여 있으며 외삼문을 들어서면 1932년 제자들이 건립한 사당인 계양사(繼陽祠)가 자리 잡고 있다. 계양사 왼쪽에는 전우와 제자들이 강당으로 사용했던 계화재(繼華齋)가 있다. 전우는 계화도(界火島)를 계화도(繼華島)라고 고쳐 불러 중화(中華)의 유학을 계승하려는 뜻을 밝혔으므로 재의 이름도 그에 따른 것이다."[52] 계양사 앞 바닷가에 화강암으로 이루어진 바위를 '청풍대(淸風臺)'라고 하는데, 이 바위 위에 간재 전우를 상징하는 '지주중류(砥柱中流) 백세청풍(百世淸風)'비가 세워져 있다. 이 비는 "2008년 5월 17일

---

[52] "두산백과"(http://terms.naver.com, 검색일: 2018년 11월 6일)

계화산 중턱에서 바라본 양지마을과 계양사. 2018년 12월 15일 촬영.

계양사. 뒤로 보이는 산이 계화산이다. 2018년 12월 15일 촬영.

에 간재의 후학들로 구성된 화연회(華淵會)가 중심이 되어 청풍대 위에 높이 7.5m, 가로 1.8m, 무게 20톤의 석재를 이용하여 세웠다."[53] 비석이 세워

[53] 황형준 기자, "간재의 뜻만큼이나 높게 솟은 청풍대비", 부안독립신문, 2018년 5월 26일자.

진 바위의 서편에는 이 비를 세우는 데 참여한 화연회원들의 이름이 쓰여 있다. 간재 전우와 간재학파는 조선의 유학사에서 어떤 위치에 있었는지 그에 관하여 다음 글에서 확인해본다.

간재학파(艮齋學派)는 기호 낙론의 학통을 계승한 간재 전우와 그를 종장으로 하는 거대한 문인집단이다. 노사학파보다 적어도 한 세대 뒤에 문인집단화한 간재학파는 전국적으로 영향력을 발휘한 기호학계 최대의 학파이다. 간재학파의 종장인 전우는 19세기 전반기부터 정국을 주도하던 집권 노론 세력과 일정한 관계를 맺고 있었던 산림학자인 고산(鼓山) 임헌회(任憲晦, 1811~1876)의 학문적 유산을 고스란히 이어받았다. **54**

간재 전우는 "조선 유학의 도통상 적자임을 내세우는 인물이다. 다시 말해서 율곡(栗谷)에서 우암(尤菴)으로 이어지는 기호학파의 적통을 이어받았다고 자부(自負)하였으므로 그의 성리학적 세계 또한 율우지학(栗尤之學)에서 크게 벗어나지 않는다. 거듭 말하지만 바로 이 점이 그에 대한 유림의 중망(重望)으로 이어졌던 것인 만큼 그 바람의 궁극처가 바로 명쾌한 절의(節義)였을 것임은 두말할 나위가 없다." **55** 박학래와 김승현 두 연구자가 바라보는 간재의 위치를 볼 때 그가 당대 유학에서 차지하는 비중이 컸기 때문에 서양과 일본의 침략이 본격적으로 전개되는 시대적 상황에서 그의 처신을 바라보는 시선이 컸을 것은 당연하였다고 할 수 있다.

그렇다면 간재 전우에 대한 평가는 어떻게 내려지고 있는지 먼저 쉽게 접할 수 있는 백과사전에서는 "전우의 성리학 연구 업적은 높이 평가되고 있으며, 전통적인 유학사상을 그대로 실현시키려 한 점에서 조선조 최후의 정통 유학자로서 추앙받고 있다. 그러나 전우의 행적에 있어서는

54 박학래, "근대 이행기 호남 유학의 지형", 한국인물사연구 24(2015), 236.
55 김승현, "艮齋 田愚의 義理思想에 대한 一考", 유교사상연구 26(2005), 84.

덕성서원과 숭덕사. 임헌회를 비롯한 전우, 이재구, 김준영, 이유홍, 조흥순, 임헌찬 등 일곱 명의 위패를 모시고 제사를 지내는 사우. 2019년 1월 4일 촬영.

나라가 망해도 의병을 일으키려 하지 않고 도학군자만을 자부하고 있었고, 또한 파리장서(巴里長書)에도 참여하지 않았다며 지탄을 받기도 하였다"[56]고 기술하고 있다. 특히 김승현은 그의 연구에서 "간재의 의리사상에 대한 지난날의 부정적인 평가는 그릇된 것이며 오늘의 긍정적 평가는 정당한 것인지를 자문해보면서 그에 대한 평가가 긍정적이든 부정적이든 간에 간재에게 걸었던 학문적 신뢰와 덕망이 지나치게 컸던 관계로 출처의리문제 또한 이에 걸맞기를 기대했던 것이 이러한 논의를 야기(惹起)시키지 않았나 싶다"[57]고 하였다. 한편 안병관은 "간재의 서간문에는 간재의 의리정신이 도의 수호와 그 전달에 있다는 것을 분명히 밝히고 있으며 항일의병과 파리장서에도 원칙적인 반대를 하는 것이 아니라는 것이 분명하게 제시된다"[58]고 하면서 간재의 입장을 긍정적으로 바라보고 있다.

동진강 유역의 상부에서 출발하는 역사·문화 콘텐츠가 이곳 하부의

---

[56] "한민족문화대백과"(https://terms.naver.com, 검색일: 2018년 11월 6일)

[57] 김승현, 앞의 글, 83.

[58] 안병관, "간재 전우의 의리정신과 그 연원에 대한 고찰", 한국양명학회 33(2012), 357.

끝 자락 계화도에서 마무리되는데, 간재 선생 유지 콘텐츠에서는 이 공간
에 있었던 역사적인 사건, 즉 동학농민혁명과 태인의병을 이끌었던 지도
자들과 간재 전우를 비교하여 선비정신을 되새겨보고자 함이다.

백세청풍(百世淸風)비와 지식인

일제강점기인 1922년 이곳 계화도에서 세상을 떠날 때까지 3천 명의 제
자를 길렀다는 간재 전우에 대한 평가가 상이하게 갈리는 상황에서 그의
제자들이 계화도 계양사 앞에 세운 '지주중류(砥柱中流)',[59] '백세청풍(百世淸
風)'[60]비를 피향정 비석군과 연계해서 생각해보자는 것이 이 콘텐츠의 의
도이다.

　　우선 '지주중류 백세청풍'이라는 용어가 적합한지, 그리고 사진에서
처럼 저렇게 높은 비를 세우는 것이 간재 전우의 사상을 높여줄 것인지에

지주중류 백세청풍비.
2018년 12월 15일 촬영.

[59] 황허(黃河) 중류의 지주산이라는 뜻으로, 난세에도 의연하게 절개를 지키는 인물 또는 그러한
행위를 비유하는 고사성어이다. 『안자춘추(晏子春秋)』 등에서 유래되었다.

[60] 백세청풍(百世淸風)은 은나라가 망하자 수양산에 들어가 고사리만 캐먹고 살았다는 백이와
숙제의 고사에서 나온 성어로, 이 역시 '영원히 맑은 바람'처럼 변하지 않는 절개와 지조를
나타낸다.

대한 평가는 비를 세우는 자들의 관점이 아닌 비를 바라보는 이 시대를 살아가는 사람들의 몫이어야 한다. 태인 피향정에서 바라본 비석들에서 유방백세와 유취만년의 예를 들었던 데서 그 지혜를 얻을 수 있을 것이다.

역사 · 문화 콘텐츠의 마지막을 계양사의 간재 선생 유지와 백세청풍비에서 마무리하고자 한 것은 이 시대에 요구되는 선비정신이 무엇인가를 돌아보고자 함이다. 선비정신은 과거 전통사회에서만 적용되는 것이 아닌 과거와 현재를 넘어 미래에도 관통할 수 있는 고전과도 같은 것이라고 볼 수 있다. "선비정신은 독립투쟁기에는 의사(義士) · 열사(烈士)가 요구되고, 산업성장기에는 경영자 · 기술자가 요구된다. 그리고 선비는 언제나 그 사회가 요구하는 이념적 지도자요 지성인을 의미할 수 있다. 여기에서 전통의 선비상은 우리 시대에서도 의미 있는 선비의 조건을 제시해준다"[61]고 한 것처럼 선비정신은 오늘의 지식인들이 담고 있어야 할 기본 소양이다.

동진강 유역의 역사 · 문화 콘텐츠 스토리텔링 전개에서 선비정신을 보여준 인물들로 동학농민혁명에서는 전봉준 장군을, 항일의병투쟁에서는 면암 최익현을, 그리고 제국주의 일본의 침략과 함께 진행되는 소설 『아리랑』의 주인공 송수익을 중심에 둔 것은 당시 사회가 요구하는 선비의 모습을 보여주었기 때문이다.

동학농민혁명군에서 항일의병장으로, 다시 만주로 망명하여 독립군으로 활동하며 결국에는 아나키스트로 변모하여 지식인으로 살다간 소설 『아리랑』 속의 주인공 송수익의 삶은 변혁된 사회에서 그 지도적 기능을 잃지 않았던 지식인의 삶이었다고 할 수 있다. 간재 선생 유지에서 담고자 하는 역사 · 문화 콘텐츠는 급변하는 국제정세 속에 남북이 분단된 우리의 현실 속에서 지식인이 가져야 할 시대정신이 무엇인지를 생각해보고

---

[61] "한국민족문화대백과"(http://encykorea.aks.ac.kr, 검색일: 2018년 11월 14일)

의 상을 그려보고자 함이다.

계화산(界火山) 통일봉화(統一烽火)

2018년 12월 15일 혁명의 강『동진강에 흐르는 아리랑』을 마무리하기 위
하여 영하의 차가운 바람이 부는 부안군 계화면의 계화산을 홀로 올랐다.
계화도 간척사업 이전에는 섬이었던 계화산이 이제 새만금 간척지 안에
육지 속의 산으로 변했다. 산 정상에 복원된 봉화대를 한 바퀴 돌고 나서
작지만 가슴속 깊은 곳에 담아두었던 동진강의 아리랑을 꺼냈다.

　　계화도(界火島)는 더 이상 섬이 아니다.

　　동으로는 동진강이 그 끝을 서해로 내려놓고
　　남으로는 화산재로 쌓아올린 변산(邊山)이 자리를 잡았다.

　　이제 동쪽 끝을 본다.
　　그리고 백두산을 생각한다.

　　운무에 반쯤 가려 신비로움으로 선명하게 획을 긋듯
　　힘차게 꿈틀대는 호남정맥이
　　내가 서 있는 계화산 코앞에 당당하다.

　　섬진강이 그리고 옥정호(玉井湖)가 저 너머에 있다.
　　계화도 제2 방조제가
　　동진강을 향해 치켜 솟구친다.

산 아래 양지마을 너머로 드넓은 간척지가
저 멀리 조봉산(造峯山)을 품고 있고
우측으로 동진강 도수로를 타고 백오십 리 달려온
데미샘의 젖이 청호저수지에 그득하다.

염창산과 석불산 그리고 계화산이 삼각형을 이루고
이곳 봉화대를 반쯤 돌면 새만금 간척지이다.

응회암으로 쌓아올린 봉화대를
탑돌이 하듯
서너 발 돌고 나면 계화도는
이미 섬이 아니다.

토요일 쉬어갈 시간임에도 쿵쿵 덜컹덜컹
서해바다에 퍼져가는 역사의 울림이 웅장하며
바다 위로 달리는 트럭들이 저 멀리 아련하다.

태곳적부터 역사를 실어 나른 동쪽의 동진강이
착취와 일제의 수탈을 끝내고
새로이 미래를 나르고 있다.

장수 팔공산 북쪽 데미샘을 떠난
숲의 생명수들이
온통 내 둘레로 가득가득하다.

그 먼 역사의 유역을 바꾸며
계화산 아래에 힘을 잃고 내려앉는다.

혹자는 망해버린 땅에서
중화(中華)를 이어간다는 의미로 계화(繼華)라 하였다지만
계화산은 동으로 과거를 바라보며
미래로 가는 서쪽 새만금을 이어간다.

동에서 서로 과거에서 미래로
다시 일제의 수탈에서 해방으로
가히 西方淨土 極樂世界 아미타불의 인도(引導)일까
이제 남에서 북으로 잘린 허리 이어
통일의 횃불을 피운다.

산에서 강으로 다시 강에서 바다로
그리고 대한민국의 미래로
계화 간척지에서 새만금 간척지로 이어가며
계화산은 장엄하게 미래세계 중심에 자리를 잡고 섰다.

아프고 고통스러웠던 동진강 유역의 호남평야는
이제 신음소리를 끝내고 호탕하게 웃고 있다.
들리지 않는가, 저 강렬하게 울려대는 미래를 향한 발걸음
산과 바다를 잇는 자연의 소통로 강이 그러듯이
이곳 동진강에서 인간과 인간의 사이를 이어주는 것이
사랑이라는 강이었다.

수십만 민초들의 동학혁명군과
항일의병들의 함성이 아리랑 속에서 넘실대던 땅
혁명의 강 동진강에 흐르는 아리랑을
덩실덩실 춤추며 불러야 하는 땅

자주와 반외세의 깃발을 띄우고
통일의 아리랑을 몰아
서해를 통해 북녘으로 흘러가야 할 동진강 아리랑

계화산 아래 동진강 하구 새만금을 내려다보며
데미샘을 떠난 한 방울 또 한 방울의 물이 담긴
청호저수지를 바라보며 겸손하게 감사한다.

그 물은 혁명이며
피며
민족의 소통이다.

계화산 봉화로 새만금을 다시 딛고
서해를 돌아
북으로 북으로 향하자.

화암사 극락보전 망해사 극락보전
두 아미타불의 미소로
통일 아리랑의 물이 되게 하여
혁명의 강 동진강에 흐르는 아리랑에 띄워

한강 임진강 대동강 청천강을 흘러
압록강을 타고 백두산을 넘어
간도를 지나 두만강에 이르도록
통일 아리랑의 불꽃을 활활 피워보자.

제3부
스토리텔링과 활용방안

8장. 콘텐츠 스토리텔링

9장. 콘텐츠 활용방안

10장. 요약 및 결론

8장. 콘텐츠 스토리텔링

전체 영역 스토리텔링 구성

동진강 유역을 중심으로 한 지역자원의 콘텐츠 개발을 크게 세 가지 영역으로 나누어 수행하였다. 자연지리 영역 콘텐츠, 수리시설 영역 콘텐츠, 역사 · 문화 영역 콘텐츠인데 각 영역별로 콘텐츠 스토리텔링은 세 가지 영역이 각각 상류로부터 하구 바다에 이르기까지 강의 흐름을 따라 자연의 평형작용을 고려하여 연속성을 가지도록 구성하였다. 자연지리 영역 콘텐츠의 경우 지질 콘텐츠와 지리 콘텐츠, 두 가지 모두 호남정맥 너머의 섬진강 유역에서 동진강 유역으로 넘어오는 과정을 중요하게 강조하였다.

　수리시설 영역 콘텐츠는 일제강점기 수탈의 현장을 중심으로 섬진강 유역의 옥정호에서 출발하여 유역변경된 이후 동진강 유역의 상부, 중부, 하부로 이어지는 도수로의 흐름을 따라 스토리를 구성하였는데 상부는 수탈의 기간(基幹)이 되는 댐과 발전소, 중부는 도수로와 도정공장 및 철도 등의 수탈을 위한 운송 관련 편의시설, 하부는 일본인 대지주의 주거지와 간척지 등으로 개념을 집약하여 스토리텔링이 되도록 하였다.

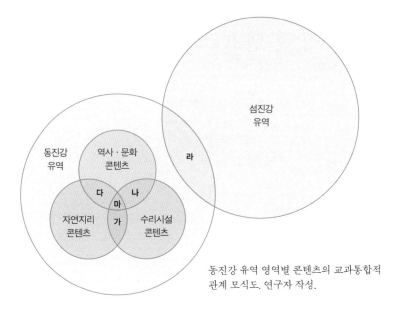

동진강 유역 영역별 콘텐츠의 교과통합적
관계 모식도. 연구자 작성.

역사·문화 영역 콘텐츠는 동학농민혁명의 김개남 장군이 청주에서 패퇴하여 정읍 산내의 너디마을로 은거한 장소로부터 출발하여 마을 앞 추령천 건너 종성리에 있었던 임병찬의 밀고에 의한 성리학과 동학의 충돌을 담아내고자 하였다. 그곳이 10여 년이 지나 면암 최익현과 돈헌 임병찬의 한말 조선 중기 태인의병의 출발지였음을 통해 당시의 지식인들의 한계를 보고자 하는 의도도 감안한 것이다.

자연지리 콘텐츠, 수리시설 콘텐츠, 역사·문화 콘텐츠 등은 각각의 영역별로 상부지역인 산에서 바다로 이어지며 시작과 끝을 가지는 스토리텔링의 구성을 가지도록 하였다. 위 그림은 섬진강 유역과의 관계에서 동진강 유역 안의 자연지리 콘텐츠, 수리시설 콘텐츠, 역사·문화 콘텐츠가 서로 통합적으로 연결되어 있음을 보여주는 모식도이다.

〈표 4〉는 위 그림에서 콘텐츠 영역이 서로 통합적으로 중첩되는 부분에 해당하는 콘텐츠들을 분류한 것이다. 이를 통해 세 가지 영역은 모두 통합적으로 연결되어 자연지리 콘텐츠에서 수리시설 콘텐츠가 생성됨을 알 수 있고, 다시 수리시설 콘텐츠에서 역사·문화 콘텐츠가 형성됨을

표 4: 세 가지 영역의 통합 콘텐츠 분류표

통합영역	콘텐츠
가	벽골제, 만석보, 낙양리 취입수문, 도수로, 계화방조제, 새만금방조제
나	벽골제, 동학농민혁명, 일제강점기 수탈, 소설 『아리랑』
다	전봉준 · 김개남 은거지, 한말호남의병유적지, 임병찬 근거지
라	호남정맥, 섬진강 발원지, 운암제, 유역변경, 운암취수구, 칠보취수구, 섬진강 다목적댐
마	벽골제 자긍심, 동학혁명정신 계승, 항일의병항쟁 정신, 일제강점기 극복, 미래로 가는 새만금

자료: 왼쪽 그림의 세 영역 중 두 가지 영역이 중첩되는 부분은 '가', '나', '다'에 해당하고, 세 가지 영역이 중첩되는 부분이 '마'이다. 섬진강 유역에서 동진강 유역으로 유역변경이 이루어지는 부분은 '라'에 해당한다.

이해할 수 있게 구성되었다. 결국 세 가지 영역의 콘텐츠가 섬진강 유역과 연결되어 동진강 유역 안의 하나의 스토리텔링으로 통합되도록 구성하였다. 〈표 4〉의 '마'에 해당하는 영역이 본 연구의 결과 도달하고자 하는 상위 목표임을 알 수 있다.

교과통합체험학습 내용구성 모델에 적용한 스토리텔링

세 가지 영역의 콘텐츠를 교과통합적으로 스토리텔링을 전개하기 위해서는 제2장 연구의 이론적 배경에서 살펴보았던 교과통합체험학습 내용구성 모델에서 제시한 다섯 가지 영역의 위계 단계에 맞게 하부 자연생태로부터 지리적 사고, 사회 · 문화, 역사와 인물, 국제관계와 시대정신 · 사명 등을 염두에 두어야 한다. 교과통합체험학습 내용구성 모델에 적용한 통합적인 스토리텔링 전개 전략을 모식도로 나타내면 다음 그림과 같다.

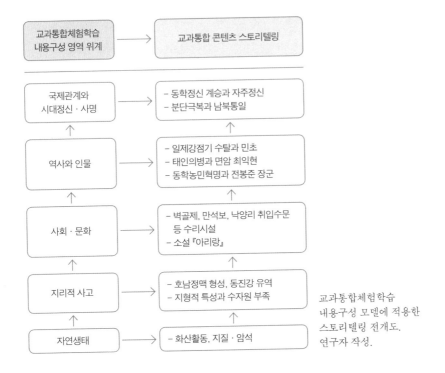

교과통합체험학습
내용구성 모델에 적용한
스토리텔링 전개도.
연구자 작성.

자연지리 콘텐츠 스토리텔링

① 스토리텔링 전략

동진강은 발원지인 상두산에서 출발하지만, 물의 흐름을 고려하면 섬진강의 데미샘에서 출발한다고도 볼 수 있다. 물의 생산지인 상류 지역의 숲에서 생태주의에 대한 개념을 터득하고 물의 소중한 의미를 이곳 동진강 유역에 분포하는 수리시설과 역사적 사건 등을 통해 접근한다. 호남정맥 너머 섬진강 유역의 물을 유역변경하여 끌어오게 되는 역사적 배경을 소개한다. 이후 상류에서 하류까지 진행되는 스토리텔링에서 높은 산에서 낮은 바다로 흐르며 자연의 소통을 익히고, 그 강변에 남긴 인류의 문화유산을 통해 인문학적 접근을 지속적으로 강의 흐름을 유지하며 끌고 간다.

데미샘에서 출발한 운암강이 섬진강 다목적댐에 의해 옥정호가 되었다. 2015년 10월 3일 촬영.

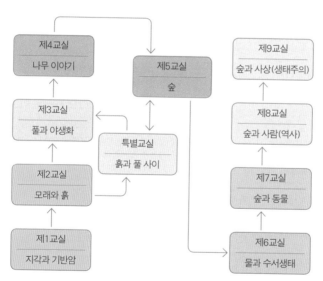

숲으로 가는 학교 구성도. 2015년 연구자 작성.

② 지질 콘텐츠 스토리텔링 구성도

지질 콘텐츠는 임실군 운암면 마암리 안산암 콘텐츠에서 시작하여 호남 정맥을 넘어 동진강 유역으로 이동하여 그 평야지대인 무성리 복운모화 강암 콘텐츠 순으로 현장에서 암석을 관찰하고 지질도와 비교하며 그 변 화를 알아보고, 지형 형성에 지질·암석학적인 요소가 배경임을 터득한 다. 네 곳의 지질 콘텐츠 스토리텔링 구성도는 다음 그림과 같다.

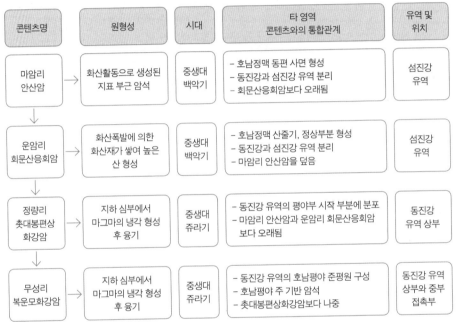

콘텐츠명	원형성	시대	타 영역 콘텐츠와의 통합관계	유역 및 위치
마암리 안산암	화산활동으로 생성된 지표 부근 암석	중생대 백악기	– 호남정맥 동편 사면 형성 – 동진강과 섬진강 유역 분리 – 회문산응회암보다 오래됨	섬진강 유역
운암리 회문산응회암	화산폭발에 의한 화산재가 쌓여 높은 산 형성	중생대 백악기	– 호남정맥 산줄기, 정상부분 형성 – 동진강과 섬진강 유역 분리 – 마암리 안산암을 덮음	섬진강 유역
정량리 촛대봉편상 화강암	지하 심부에서 마그마의 냉각 형성 후 융기	중생대 쥬라기	– 동진강 유역의 평야부 시작 부분에 분포 – 마암리 안산암과 운암리 회문산응회암 보다 오래됨	동진강 유역 상부
무성리 복운모화강암	지하 심부에서 마그마의 냉각 형성 후 융기	중생대 쥬라기	– 동진강 유역의 호남평야 준평원 구성 – 호남평야 주 기반 암석 – 촛대봉편상화강암보다 나중	동진강 유역 상부와 중부 접촉부

지질 콘텐츠 스토리텔링 구성도. 연구자 작성.

③ 지리 콘텐츠 스토리텔링 구성도

동진강 유역을 결정하는 산줄기와 그 산줄기에 의해 정의되는 하천의 유 역 관계를 이해한다. 이러한 수계와 유역은 수리시설 설치의 핵심요소임 을 알 수 있으며, 자연지리와 인문 관계를 접근하는 데 우리의 전통지리서 인 『산경표』나 『신산경표』 개념이 효과적임을 알 수 있도록 구성하였다.

209 　반면에 일본인 고토 분지로(小藤文次郎)가 정립한 산맥 개념이 사람들의 생활에 필요한 산줄기와 물줄기를 이해하고 유역에 접근하는 데 적합하지 않은 것도 이해할 필요가 있다. 동진강 유역을 중심으로 금강, 섬진강, 만경강, 영산강 등 유역과의 경계를 큰 산줄기를 기준으로 나누고, 그다음에 동진강 유역을 구획하는 호남정맥, 모악지맥, 변산지맥 등의 산줄기를 이해한다. 이어 작은 산줄기들에 둘러싸인 동진강의 지류 하천들에 의한 유역들을 이해할 수 있어야 한다. 지리 콘텐츠 스토리텔링 구성도를 다음 그림에 제시하였다.

지리 콘텐츠 스토리텔링 구성도. 연구자 작성.

수리시설 콘텐츠 스토리텔링

① 스토리텔링 전략

수리시설은 자연을 극복하려고 인류가 지혜를 모아 만든 생존의 결과물이다. 이곳 상류에서 하류 그리고 새만금간척지까지 이어지는 넓은 범위에 분포하고 있는 수리시설의 절대적 필요성을 이 지역의 화산활동에 의해 형성된 지형적인 것임을 과학적으로 접근한다. 고대 벽골제, 조선 후기 만석보, 일제강점기 수탈 중심지, 해방 후 계화도 간척사업과 섬진강 다목적댐 건설, 현재의 새만금간척사업까지 이어가며 수리시설의 중요성을 설명한다. 결론적으로 수리시설 콘텐츠는 자연지리 콘텐츠의 산물이며, 역사·문화 콘텐츠를 잉태함을 스토리텔링의 핵심에 두어야 한다. 또한 제국주의 침략과 수탈의 상징인 동진강 유역 안에 남겨진 수리시설은 역사적인 교훈으로 다크투어리즘을 위한 의미 있는 자원이다. 아픈 역사인 일제강점기를 회피하고 언급하지 않으려는 태도보다 그 시대 일제에 의해 설치된 수리시설들의 원형에 담긴 의미를 파악하고 일제의 침략과 수탈의 현장을 직접 체험함으로써 역사교훈으로 삼으려는 노력이 중요하다.

일제강점기인 1929년 11월에 준공된 운암제. 2015년 10월 20일 촬영.

211   ② 수리시설 콘텐츠 스토리텔링 구성도

섬진강 유역에 위치한 정읍 산내면의 운암제로부터 산외면·칠보면·태인면에 이르는 운암취수구와 방수구, 수직갱, 운암발전소, 칠보발전소, 동진강도수로, 낙양리 취입수문까지를 수리시설 콘텐츠-1로 하였다.

콘텐츠명	원형성	시기	스토리텔링	유역 및 비고
운암제	운암강으로 불리는 섬진강 유역에 세운 댐	1925. 11~ 1929. 11. 동진수리조합	금남호남정맥상의 천상데미 데미샘에서 발원하는 섬진강 유역, 운암제와 일제 수탈 출발지	자연지리, 수리시설, 역사·문화 콘텐츠 출발지역, 섬진강 유역/상부지역
운암 취수구와 방수구	섬진강 유역 내 운암제의 물을 동진강 유역으로 보내기 위한 시설	1926. 2~ 1927. 5.	호남정맥 산줄기로 나누어진 섬진강 유역과 동진강 유역의 759m 산속 연결통로, 자연을 거스른 인위적인 수리시설	섬진강 유역과 동진강 유역의 경계부/상부지역
수직갱 (조압수조)	섬진강 유역의 물을 동진강 유역으로 전환시키는 과정 중의 압력조절 장치	1926. 2~ 1927. 5.	섬진강 유역에서 호남정맥을 넘어 가느정이 부근 산속의 수직갱에서 동진강 유역의 시작과 일제강점기 수탈 시작	동진강 유역 출발지/상부지역
운암 발전소	유역변경되는 수자원 중 잉여 수량을 활용하여 수리사용료 징수	1929. 12~ 1931. 10. 남조선전기 주식회사	동진강 유역의 농업용수 외에 유역변경 수력발전소 건설로 전기 생산, 만경강 유역 옥구저수지 양수장 전력 제공	1985. 2. 폐쇄/상부지역, 만경강 유역 수탈과 연결고리/상부지역
칠보수력 발전소	1940년 운암제 하부 2.4km 지점에 새로운 댐 건설 착공, 중단, 해방을 거쳐 재착공, 한국전쟁으로 중단, 1965. 12. 준공	1940. 9. 섬진강 수력1호기 착공, 1945. 4. 1호기 준공	1938~1939년 극심한 가뭄으로 전력 생산 중단되자 전력수요 충족과 농업용수 추가 확보 위해 1940년 신댐 착공, 1945년 9월 섬진강수력발전1호기 착공	섬진강 유역에 신댐 건설로 인한 칠보수력발전소 건설/상부지역
동진강 도수로	칠보발전소에서 전력 생산 후 나온 섬진강 물을 계화도간척지로 보내는 67km 도수로	1963. 2~ 1969. 6. 농업진흥공사	계화도 간척지 농업용수 공급, 계화도 간척사업과 운암강 수몰지역 이주민의 애환과 고향의 물로 농사 시작	동진강 상부에서 하부지역까지 연속적인 시설
낙양리 취입수문	섬진강 물을 동진강 유역의 농토에 분배해주기 위한 수문	1926. 4~ 1927. 5. 동진농조	일제강점기 쌀 수탈을 위한 기간산업이 댐과 발전소 및 도수로 건설, 호남평야 젖줄의 통로, 백파제 통수식	태인부터 신태인 지역 구간을 중부지역으로 구분

수리시설 콘텐츠-1 스토리텔링 구성도. 연구자 작성.

로 구성되었다. 콘텐츠의 활용에서 수리시설 콘텐츠 전부를 하루에 소화
하기에는 어려운 점이 있어 두 부분으로 구분한 것이다. 정읍천이 동진강
에 합수되는 지점은 이 유역 안에서 수리시설 콘텐츠와 역사·문화 콘텐
츠 양쪽 영역에서 중요한 위치를 차지한다. 동학농민혁명 발발의 기폭제
가 되었던 지역이고, 그 구체적인 요소가 수리시설인 예동보와 만석보가

콘텐츠명	원형성	시기	스토리텔링	유역 및 비고
예동보와 만석보	배들평야 농업용수를 위한 보	조선 후기 1893년 조병갑 설치	본래의 예동보 아래 동진강에 새로운 보를 설치하여 수세징수 및 수탈의 가렴주구, 동학혁명의 기폭제	강물을 막아 보를 세우고 독점하여 수탈/중부지역
김제 간선수로	낙양리 취입수문에서 김제만경, 특히 광활간척지 59km 구간 농업용수 공급	일제강점기 1926년경	벽골제를 파괴하고 지나가는 수로는 일제강점기 광활간척지까지 수자원 제공, 김제광활간척지사업의 애환 포함	동진강 유역과 원평천 및 신평천 유역 통과/중부지역
벽골제	고대 시기에도 여전히 부족했던 수자원을 확보하기 위해 설치한 제방	신라 흘해이사금 21년(330) 기록	운암제 공사와 간척사업으로 이어지는 일제의 수리기술보다 약 1,600년을 앞선 첨단의 토목기술	벽골제는 고대로부터 이 지역의 수자원이 부족했음을 보여주는 증거, 원평천 유역/중부지역
청호 저수지	계화도간척지 수자원 공급 위한 동진강 도수로를 따라온 물을 저장	1968. 3.~ 1971. 12.	옥정호에서 출발하여 동진강 유역을 여행해온 물이 머무는 곳, 계화도 정착 이주민의 애환이 담긴 운암강의 물	동진강 유역/하부지역
계화도 간척지	섬진강 다목적댐 건설로 발생한 수몰지역 이주민의 정착과 계화도간척농업단지 조성	1963. 2.~ 1977. 12.	계화도1·2방조제, 도수로, 저수지, 용수간지선, 배수간선 등 축조과정 포함	동진강 유역/하부지역
세만금 간척지	경제와 산업관광을 아우르는 동북아경제중심지로 녹색성장과 청정생태환경의 글로벌 새만금 건설	1991~2020	고대 시기 벽골제, 조선 후기 만석보 가렴주구, 일제강점기 수탈, 해방 이후 국가의 미래 비전을 담음	만경강 유역과 동진강 유역의 통합/하부지역

수리시설 콘텐츠-2 스토리텔링 구성도. 연구자 작성.

213 되었기 때문이다. 예동보와 만석보를 시작으로 김제간선수로, 벽골제, 청
호저수지, 계화도 간척지, 새만금 간척지로 이어지는 콘텐츠들의 분포 범
위가 공간적으로 넓은 특징을 보인다. 이는 활용에서 이동범위가 넓어 제
약사항으로 작용한다. 수리시설 콘텐츠-2의 스토리텔링 구성도는 왼쪽
그림과 같다.

역사 · 문화 콘텐츠 스토리텔링

① 스토리텔링 전략

동진강 유역의 역사 · 문화 콘텐츠 안에는 앞부분에서 언급하였듯이 연구
지역 안의 문화유적, 역사적 사건과 인물 그리고 문학 등 여러 영역이 포
함되어 있다. 이들 여러 영역을 통합하여 역사 · 문화 영역으로 콘텐츠를
개발한 핵심은 동학농민혁명, 태인 무성서원의 의병창의, 일제강점기 일
제의 수탈전략 이해와 극복 등 세 가지였다. 각각 세 가지 역사적인 사건
을 오늘 분단국가인 우리의 현실에 투영하여 교훈으로 삼아야 할 정신과
계승해서 실천해 옮겨야 할 사명이 무엇인지 그 방향을 제시하였다.

조선 후기 가렴주구의 착취의 땅에서 동학농민혁명의 혁명의 땅으
로, 다시 구국의 항일의병전쟁 공간에서 일제강점기 수탈의 땅으로, 그리
고 해방의 땅으로, 이제는 새만금 미래로 도약하는 희망의 땅으로 스토리
텔링 전략을 세워 상류에서 중류를 거쳐 하류와 바다로 전개해나간다. 이
곳에 등장하는 김개남, 임병찬, 최익현, 전봉준, 김덕명, 손화중, 최경선, 그
리고 성리학자였던 간재 전우까지 당대 상황에서 사상과 인물의 관계에
접근하고 성리학과 동학의 충돌 예가 되는 '임병찬의 김개남 밀고 사건'을
통해 사상의 중요성을 다루고자 하였다.

조정래의 소설 『아리랑』은 이곳 동진강 유역의 자연지리적 특성과
이곳에 산재해 있는 인문학적 요소, 그리고 무엇보다 동진강을 핵심에 두

동학혁명백산창의비 앞에서 자주 통일을 염원하는 대한민국자연생태체험연구회 소속 교사들.
2013년 5월 25일 최홍선 촬영.

공주 우금치를 넘어와 기념비 앞으로 이동하는 정읍교육지원청의 '동학을 넘어 통일까지'
교원연수단. 2018년 11월 30일 촬영.

고 벌어지는 동학농민혁명과 태인의병 창의, 일제강점기 일제의 잔혹한
수탈을 배경으로 하고 있다. 그래서 문학 영역의 콘텐츠를 개발하는 데 있
어서도 『상춘곡』과 『정읍사』는 뒤로 하고 『아리랑』만을 포함하였다. 동진
강과 호남평야, 간척사업, 토지조사와 수탈 그 속에 민초의 삶이 고스란히
담겨 있는 『아리랑』은 소설이 아닌 역사서 같은 역할을 하고 있다.

　　아리랑 문학관이나 아리랑 문학마을을 가기 전에 동진강 상류에서 하류에 걸쳐 산재해 있는 동학농민혁명의 역사유적지와 태인의병의 발자취, 그리고 일제강점기의 수탈 현장 등을 체험하고 난 뒤에 비로소 아리랑 문학관이나 아리랑 문학마을을 관광 또는 체험학습지로 활용해야만 소설 『아리랑』이 목적하는 바를 이룰 수 있다. 특히 아리랑 문학마을의 송수익의 집에서 그의 삶과 사상의 변화를 시간의 흐름에 따라 간략하게 소개하여 소설 『아리랑』의 목적을 파악할 수 있게 한다.

　　오늘의 동학정신이 자주정신으로 이어지며 분단 극복과 민족의 통일로 승화되어야 함은 의심할 여지가 없다. 동학농민혁명은 국내의 반봉건 민중봉기에서 출발하여 일본의 침략에 맞선 반외세·반침략의 혁명으로 발전해나갔으며, 이후 망해가는 나라에서 구국항일투쟁을 벌인 항일의병 항쟁 역시 그 상대가 일본제국주의였다. 일제강점기의 수탈과 남북 분단의 비극 역시 일본제국주의가 그 원초적 원인이었다. 따라서 동학정신의 계승은 자주정신이어야 하며, 이 시대의 사명은 분단을 극복하고 통일을 이룩해야 하는 것이다. 이것이 일제강점기를 진정으로 극복하는 일이다. 이러한 의미와 교훈을 담아내고자 한 것이 동진강 유역의 역사·문화 콘텐츠이다.

'동학을 넘어 통일까지' 정읍교육지원청 교원연수를 진행하며 전봉준 동상 옆에 선 연구자. 이날 연수단은 종각 앞의 전봉준 동상 앞에서 통일 한국의 지도를 펼치고 자주통일을 외쳤다. 2018년 11월 30일 박래철 촬영.

② 역사 · 문화 콘텐츠 스토리텔링 구성도

임병찬 창의유적지에서 피향정 비석군 콘텐츠까지를 역사 · 문화 콘텐츠-1로, 신태인 등록문화재에서 백세청풍비와 지식인 콘텐츠까지를 역사 · 문화콘텐츠-2로 구분하여 구성도를 제시하였다.

콘텐츠명	원형성	시기	스토리텔링	유역 및 비고
한말 호남의병 유적지	1906년 6월 창의한 태인의 병 유적지, 최익현과 임병찬의 활동	1894. 12. 1906. 5.~6.	성리학자 임병찬과 동학혁명군지도자 김개남의 충돌, 김개남 피체자, 전봉준 장군 피체자, 최익현과 임병찬의 의병 창의 준비, 수리시설 운암제 부근	정읍 산내 종성리/섬 진강 유역/상부지역
김개남 장군 고택과 묘역	김개남 장군의 옛 집터, 장군의 쌈터, 밭으로 쓰임	1894년 전후	김개남 장군의 탄생과 동학 참여, 남원 점령, 청주 진격과 패퇴, 너디마을과 종성리 임병찬의 밀고, 동학의 전개과정과 동진강 사람 김개남 장군의 의의	정읍 산외 동곡리 지 금실/태인무성서원의 태인의병과 연계/동 진강 유역/상부지역
칠보 무성서원과 태인의병	신라시대 최치원의 생사당이었던 선현사에서 태산사로 바뀐 뒤 최치원과 신잠을 합해 1696년 무성으로 사액함	신라시대 890년 이후	신라골품제도의 한계와 최치원, 신잠의 선정, 이최응의 공덕, 1906년 병오 태인의병 창의, 김개남과 임병찬의 차이와 충돌	정읍시 칠보면 무성 리/10년 전 김개남 장군의 활동무대/동 진강 유역/상부지역
춘우정 김영상 순국투쟁	경술국치 이후 조선 선비들을 회유하기 위한 은사금을 김영상에게 주자 거부하고 단식 순절	1911. 5. 9.	태인 필양사와 김제 청하의 투수순절비를 연계하여 자정순국의 의로운 투쟁을 기리고 순국 이후 일제의 수탈을 연계해 감	정읍시 칠보면 무성 리/동진강 유역/중부 지역
태인향교와 태인동헌	1421년 현유의 위패를 봉안, 배향하고 지방민의 교육과 교화/태인고을의 수령업무 청사	1421. 1906. 6.	지방 수령의 관아와 교육기관인 태인 향교와 동헌은 1906년 태인의병의 첫 점령지이며 무기와 군수물자를 확보했던 곳	정읍 태인면 태성리/ 동진강 유역/중부지역
태인 피향정	890년 최치원이 태인 군수로 재임 중 설립했다고 전해지며 조선시대 중수 기록이 남음. 주변의 연지 향과 관련된 이름	890년 이후	상연지와 하연지의 두 연지 사이에 있었던 피향정의 향기를 통해 주변에 배열된 선정비와 비교하여 동학 연관 전개	정읍 태인면 태창리/ 동진강 유역/중부지역
피향정 비석군	태인 전역에 흩어져 있던 비석들을 옮겨와 배열한 것으로 일부는 땅에서 파내고 일부는 버려진 것들을 모음	1970년대 조성	비석군 중 맨 좌측의 조규순영세불망비와 맨 우측의 홍범식 애민선정비 두 개를 유방백세와 유취만년의 고사성어와 연관하여 조병갑 이야기 전개	정읍 태인 태창리/동 진강 유역/중부지역

역사 · 문화 콘텐츠-1 스토리텔링 구성도. 연구자 작성.

콘텐츠명	원형성	시기	스토리텔링	유역 및 비고
동학 혁명군의 성황산전투	전봉준 장군의 동학혁명군의 마지막 전투로서 치열한 교전으로 항전	1894	만석보와 고부에서 출발한 전봉준 장군의 동학농민혁명군의 의로운 향기를 피향정과 연계	동진강 유역/중부지역, 태인 성황산
신태인 등록문화재	일제강점기 신태인 지역의 쌀 수탈 현장인 도정공장터와 등록문화재 도정공장 창고, 신태인역	1914, 1924	일제강점기 수탈의 현장 기간산업, 쌀 수탈시설, 일본인 대지주촌 등으로 구분하여 접근, 신태인지역 대지주 아카기 미네타로 포함	정읍 신태인읍 신태인1길 123/동진강 유역/중부지역
화호리 일제강점기 수탈현장	일제강점기 일본인 대지주들이 생활했던 화호리 일대의 등록문화재	1903	일본인 지주들의 탄생과 조선 농촌사회의 지배기구, 일본인 대지주들, 등록문화재 농장가옥과 창고	정읍 신태인읍 화호리/동진강 유역/하부지역
소설 『아리랑』과 아리랑 문학관	동학혁명으로부터 일제강점기, 그리고 광복까지의 시대적 배경을, 동진강 유역에서 출발하는 공간적 배경으로 하는 역사 소설	2003. 5.	동진강 유역의 자연지리, 수리시설, 역사·문화 콘텐츠 등 전 영역이 녹아들어간 작품, 동진강 유역의 세 영역의 콘텐츠 학습 후 아리랑 문학마을과 문학관을 견학하는 것이 콘텐츠의 목적	아리랑 문학마을-김제 죽산 홍산리/아리랑 문학관-김제부량 용성리/하부지역
동학혁명 백산창의비	동학농민혁명 백산창의, 연합부대, 백산격문, 창의일시	1894. 3. 26.	섬진강 유역 너디마을로부터 종성리 임병찬, 김개남 장군 묘역, 피향정, 만석보를 거쳐 백산창의비까지의 흐름을 전개하며 비 앞에서 오늘의 동학정신을 되새김	부안군 백산면 용계리/고부천 유역/하부지역
간재 선생 유지	계양사는 성리학자 전우가 1912년부터 1922년까지 머물면서 제자들을 가르쳤던 곳으로 1932년 제자들이 건립한 사당	1932	조선의 마지막 성리학자로 알려진 전우의 성존심비나 성사심제설의 의미, 일제강점기 중화주의를 견지하며 도학 연구에만 몰두한 학자의 태도, 지주중류 백세청풍비의 의미	부안군 계화면 계화리 68/동진강 유역/하부지역
백세 청풍비와 지식인	동진강 유역에서 살다간 당시 지식인들의 삶과 소설 『아리랑』 속의 주인공 송수익의 삶을 통해 오늘날 지식인의 역할과 자세	현재	1894년 전봉준·김개남, 1906년 최익현·임병찬, 1912년 계화도 은둔 전우, 소설 『아리랑』 속의 송수익 비교	콘텐츠 개발 역사·문화 콘텐츠 마지막 결론
계화산 통일봉화	계화산은 과거 봉수대의 역할을 담당했던 중요한 군사시설	현재	동쪽 호남평야의 과거의 역사를 극복하고 서쪽 새만금의 미래를 이어가는 통일봉화로 승화	혁명의 강 동진강에 흐르는 아리랑의 의미를 담음

역사·문화 콘텐츠-2 스토리텔링 구성도. 연구자 작성.

9장. 콘텐츠 활용방안

앞 장에서는 영역별로 개발된 콘텐츠 스토리텔링 구성과 그 전개 방향을 제시하였다. 이 장에서는 개발된 콘텐츠들을 활용하는 방안을 모색해보고 자 한다. 자연지리 콘텐츠, 수리시설 콘텐츠, 역사문화 콘텐츠 등 세 가지 영역으로 개발된 콘텐츠가 활용되기 위해서는 코스 개발이 이루어져야 하며, 체험학습이나 관광 프로그램으로 활용되기 위해서는 주어진 시간에 맞게 콘텐츠들을 재구성해야 한다. 또한 관광이나 체험학습 대상이 누구 냐에 따라 콘텐츠들의 구성과 내용의 깊이 및 콘텐츠 분량도 조정되어야 한다.

콘텐츠 활용을 위한 분류

① 콘텐츠 위치에 따른 분류 기준

동진강 유역 지역자원의 콘텐츠 활용을 편리하게 하기 위하여 동진강 유 역의 강을 따라 크게 상부지역, 중부지역, 하부지역 세 구간으로 구분하 여 해당 구역 안에 있는 콘텐츠를 배치하였다. 동진강은 발원지에 해당하

표 5: 동진강 유역을 상부, 중부, 하부로 구분한 기준표

구분	상부지역	중부지역	하부지역	비고
포함 지역	옥정호- 칠보수력발전소	무성서원- 신태인	벽골제- 새만금	콘텐츠 양 고려

자료: 제1장의 연구범위에서 설정한 섬진강 유역에서 동진강 하구까지의 공간범위를 세 구역으로 구분한 것임.
연구자 작성.

는 동쪽 산악지역이 길지 않고 바로 평야로 이어지기 때문에 다른 하천과
달리 중류와 하류의 구분이 명확하지 않다. 따라서 연구의 편리를 위해 위
표와 같이 상부, 중부, 하부 세 구역으로 구분하였다.

　　편의상 동진강이 곡구(谷口)지역을 빠져나오는 단계까지를 '상부'라
하였고, 칠보를 지나 태인에서부터 신태인 화호리 근대문화유산 분포지까
지를 '중부'로 구분하였다. 이는 차후 이들 콘텐츠를 관광 또는 체험학습
을 진행하는 데 하루 코스, 이틀 코스 등 여정을 계획하는 데 도움을 주고
자 함이다.

② 상부지역 콘텐츠

표 6: 동진강 유역 상부지역 콘텐츠

콘텐츠 구분	자연지리	수리시설	역사 · 문화
콘텐츠	마암리 안산암, 운암리 회 문산응회암, 정량리 촛대 봉편상화강암, 호남정맥, 모악지맥	운암제, 운암취수구와 방 수구, 수직갱(조압수조), 운 암발전소, 칠보수력발전소	임병찬 창의유적지, 김개 남 장군 고택 터와 묘역

자료: 〈표 5〉 기준표의 상부지역에 해당하는 세 가지 영역의 콘텐츠들을 배치한 것임. 연구자 작성.

표 7: 동진강 유역 중부지역 콘텐츠

콘텐츠 구분	자연지리	수리시설	역사 · 문화
콘텐츠	무성리 복운모화강암, 원평천 유역, 정읍천 유역	동진강 도수로, 낙양리 취입수문, 김제간선수로, 예동보와 만석보	무성서원, 춘우정 김영상 순국투쟁, 태인의병, 태인향교와 태인동헌, 피향정, 피향정 비석군, 동학혁명군의 성황산 전투, 신태인 등록문화재

자료: 〈표 5〉 기준표의 중부지역에 해당하는 세 가지 영역의 콘텐츠들을 배치한 것임. 연구자 작성.

④ 하부지역 콘텐츠

표 8: 동진강 유역 하부지역 콘텐츠

콘텐츠 구분	자연지리	수리시설	역사 · 문화
콘텐츠	변산지맥, 고부천 유역	벽골제, 청호저수지, 계화도 간척지, 새만금 간척지	화호리 일제강점기 수탈현장, 소설 『아리랑』과 아리랑 문학관, 동학혁명 백산창의비, 간재 선생 유지, 백세청풍비와 지식인, 계화산 통일봉화

자료: 〈표 5〉 기준표의 하부지역에 해당하는 세 가지 영역의 콘텐츠들을 배치한 것임. 연구자 작성.

콘텐츠 영역별 통합 구성

콘텐츠의 영역별 분류는 앞 장에서 실시한 콘텐츠 스토리텔링과 같은 부분이다. 세 가지 각 영역별로 독립해서 콘텐츠들을 활용하는 것이 기본이다. 하지만 자연지리 콘텐츠는 독립적으로 활용되는 것보다는 수리시설 영역과 함께 통합적으로 운영되거나 역사 · 문화 영역과 통합되어 운영되는 것이 효율적이다.

① 자연지리와 수리시설의 통합 콘텐츠 구성

표 9: 자연지리와 수리시설의 통합 콘텐츠 구성

유역 콘텐츠	상부지역	중부지역	하부지역
자연지리 콘텐츠	호남정맥, 모악지맥, 마암리 안산암, 운암리 회문산 응회암, 정량리 촛대봉편 상화강암	무성리 복운모화강암, 정읍천 유역	고부천 유역, 변산지맥
수리시설 콘텐츠	운암제, 운암취수구와 방수구, 수직갱, 운암발전소, 칠보수력발전소, 동진강 도수로	낙양리 취입수문, 김제간선, 예동보와 만석보, 벽골제	청호저수지, 계화도 간척지, 새만금 간척지

자료: 제4장, 5장, 6장에서 개발된 영역별 콘텐츠를 자연지리와 수리시설 두 가지 영역을 통합적으로 운영하기 위하여 전체 구간에 맞게 콘텐츠들을 편성한 것임. 연구자 작성.

② 자연지리와 역사 · 문화의 통합 콘텐츠 구성

표 10: 자연지리와 역사 · 문화의 통합 콘텐츠 구성

유역 콘텐츠	상부지역	중부지역	하부지역
자연지리 콘텐츠	호남정맥, 모악지맥, 마암리 안산암, 운암리 회문산 응회암, 정량리 촛대봉편 상화강암	무성리 복운모화강암, 정읍천 유역	고부천 유역, 변산지맥
역사 · 문화 콘텐츠	임병찬 창의유적지, 김개남 장군 고택 터와 묘역	무성서원, 춘우정 김영상 순국투쟁, 태인의병, 태인 향교와 태인동헌, 피향정, 피향정 비석군, 동학혁명군 성황산 전투, 신태인 등록문화재	화호리 일제강점기 수탈현장, 소설『아리랑』과 아리랑 문학관, 동학혁명 백산창의비, 간재 선생 유지, 백세청풍비와 지식인, 계화산 통일봉화

자료: 제4장, 5장, 7장에서 개발된 영역별 콘텐츠를 자연지리와 역사 · 문화 두 가지 영역을 통합적으로 활용하기 위하여 전체 구간에 맞게 콘텐츠들을 편성한 것임. 연구자 작성.

표 11: 수리시설과 역사 · 문화의 통합 콘텐츠 구성

유역 콘텐츠	상부지역	중부지역	하부지역
수리시설 콘텐츠	운암제, 운암취수구와 방수구, 수직갱, 운암발전소, 칠보수력발전소	동진강 도수로, 낙양리 취입수문, 김제간선, 예동보와 만석보, 벽골제	청호저수지, 계화도 간척지, 새만금 간척지
역사 · 문화 콘텐츠	임병찬 창의유적지, 김개남 장군 고택 터와 묘역	무성서원, 춘우정 김영상 순국투쟁, 태인의병, 태인향교와 태인동헌, 피향정, 피향정 비석군, 동학혁명군 성황산 전투, 신태인 등록문화재	화호리 일제강점기 수탈현장, 소설『아리랑』과 아리랑 문학관, 동학혁명 백산창의비, 간재 선생 유지, 백세청풍비와 지식인, 계화산 통일봉화

자료: 제6장, 7장에서 개발된 영역별 콘텐츠를 수리시설과 역사 · 문화 두 가지 영역을 통합적으로 운영하기 위하여 전체 구간에 맞게 콘텐츠들을 편성한 것임. 연구자 작성.

교과통합체험학습 프로그램

동진강 상부지역에서 하부지역 범위까지 개발된 콘텐츠는 연구자가 교육기관의 교원연수 및 학교기관의 교과통합체험학습을 수행하여 활용방안을 모색해왔다. 하루 일정으로 학습할 수 있는 당일 코스와 1박 2일 숙박을 하면서 운영하는 코스로 제시하였다. 단, 출발지는 전주시를 기준으로 하였다.

① 교과통합체험학습 프로그램 1부: 상부지역(옥정호 - 칠보수력발전소)

표 12: 교과통합체험학습 프로그램 1부-상부지역

일정	지역	콘텐츠 구성	통합적 접근
이동(1h) 08:00~09:00	전주-섬진강 다목적댐	-이동 간 산줄기 · 물줄기 안내	버스 내에서
오전(3h) 09:00~12:00	정읍 산내	- 섬진강 다목적댐 - 운암제(수장되어 있음) - 임병찬 창의유적지 - 호남정맥	호남정맥을 기준으로 섬진강 유역과 동진강 유역 구분
점심 12:00~13:00	임실 운암면	정읍 산외면과 임실 운암면 경계	
오후(3h) 13:00~17:00	임실 운암 정읍 산외	- 마암리 안산암 - 운암리 회문산응회암 - 수직갱(조압수조) - 운암발전소 - 정량리 촛대봉편상화강암 - 김개남 장군 고택 및 묘역 - 칠보수력발전소	- 자연지리-수리시설-역사 · 문화 콘텐츠 순으로 통합적으로 전개 - 동학-항일의병-일제강점기 순서로 접근
이동(1h) 17:00~18:00	산외-전주	산외-전주로 이동 간 소감발표	이동 간 소감 발표

자료: 〈표 6〉 동진강 유역 상부지역에 분포하는 자연지리, 수리시설, 역사 · 문화 세 가지 영역의 콘텐츠를 교과통합체험학습으로 활용하기 위하여 편성한 프로그램(연구자 작성)

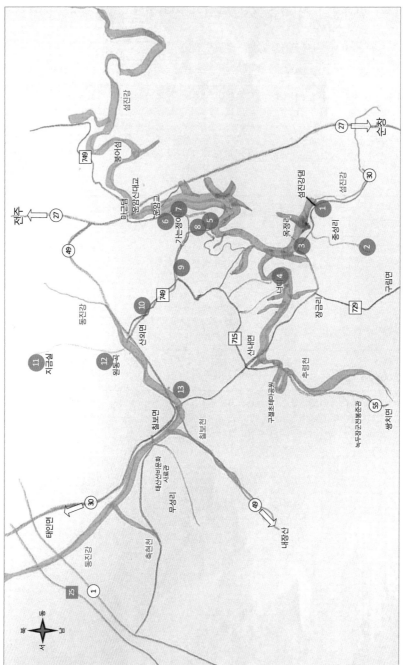

동진강에 흐르는 아리랑 제1부 현장답사 안내도 : 운암제 – 칠보수력발전소, 연구자 작성. ① 섬진강 다목적댐 ② 섬진강 나루터 갑문 ② 운암제 ③ 임병찬 창의유적지 ④ 김개남 장군 은거지 ⑤ 운암취수구 ⑥ 마암리 안산암 ⑦ 운암리 회문산응회암 ⑧ 수직갱(운암방수구) ⑨ 운암발전소 ⑩ 정량리 촛대봉편상화강암 ⑪ 김개남 장군 고택 터와 묘역 ⑫ 원동국 마을 ⑬ 칠보수력발전소

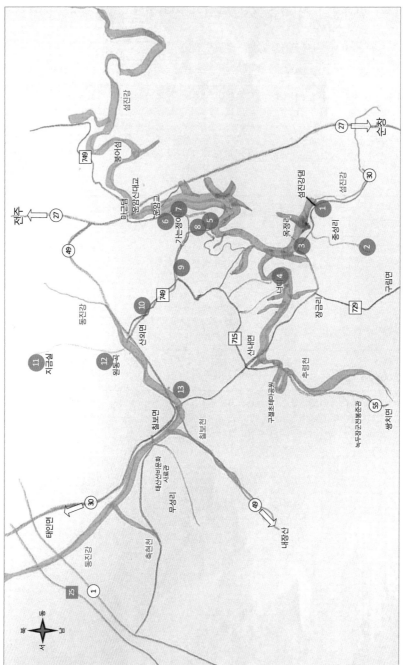

② 교과통합체험학습 프로그램 2부: 중부지역(동진강 도수로-만석보)

표 13: 교과통합체험학습 프로그램 2부-중부지역

일정	지역	콘텐츠	통합적 접근
이동(1h) 08:00~09:00	전주-칠보수력 발전소	-이동 간 산줄기·물줄기 안내	버스 내에서
오전(3h) 09:00~12:00	정읍 칠보 정읍 태인	- 동진강 도수로 - 무성리 복운모화강암 - 무성서원과 태인의병 - 춘우정 김영상 순국투쟁 - 태산 선비문화 - 피향정과 비석군 - 동학혁명군 성황산 전투	동학농민혁명과 항일의병투쟁 연계
점심 12:00~13:00	태인면	- 피향정 부근	

오후(3h)
13:00~17:00
	정읍 신태인
	정읍 이평
		- 태인동헌과 태인향교
		- 낙양리 취입수문
		- 김제간선수로
		- 신태인 등록문화재
		- 예동보와 만석보
			- 태인 성황산 마지
			  막 전투(동학농민
			  혁명)
			- 다크투어리즘과 도
			  시재생 연계

이동(1h) 17:00~18:00	정읍 이평-전주	- 복귀	이동 간 소감 발표

자료: 〈표 7〉 동진강 유역 중부지역에 분포하는 자연지리, 수리시설, 역사·문화 세 가지 영역의 콘텐츠를
교과통합체험학습으로 활용하기 위하여 편성한 프로그램(연구자 작성)

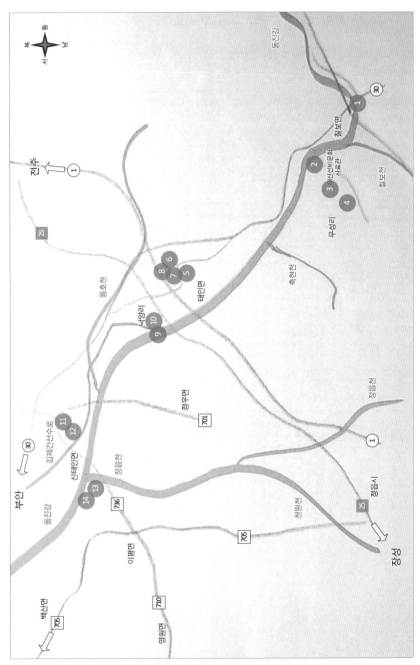

동진강에 흐르는 아리랑 제2부 현장답사 안내도: 동진강도수로_만석보 연구자 작성 ① 동진강 도수로 ② 동진강 동수로 ③ 준우정 김영상
순구루평(필암사) ④ 무성서원과 태인의병 ⑤ 꾀항정과 비석군 ⑥ 태인동헌 ⑦ 태인향교 ⑧ 전봉준 동학혁명군 성황산 전투 ⑨ 낙양리 취입수문
⑩ 일원종시배파비 ⑪ 신태인동학문화비 ⑫ 신태인역 ⑬ 예동보 (광산보) ⑭ 만석보

③ 교과통합체험학습 프로그램 3부: 하부지역(벽골제-새만금 간척지)

표 14: 교과통합체험학습을 활용한 현장체험학습 프로그램 3부-하부지역

일정	지역	콘텐츠	통합적 접근
이동(1h) 08:00~09:00	전주-벽골제	이동 간 산줄기 · 물줄기 안내	버스 내에서

오전(3h)
09:00~12:00
	신태인 화호리
	김제 부량면
		- 화호리 일제강점기 등록문화재
		  (구마모토, 다우에)
		- 원평천 유역
		- 아리랑 문학마을
		- 벽골제(발굴현장 포함)
		- 아리랑 문학관
			- 벽골제 발굴사업단
			  사전 협의 및 협조
			  요청
			- 콘텐츠 통합의 절정
			  『아리랑』

점심 12:00~13:00	부량면	벽골제 관광지 내	

오후(3h)
13:00~17:00
	부안군 백산면
	
	부안군 계화면
	
	군산시 옥도면
		- 동학혁명 백산창의비
		- 고부천과 고부천 유역
		- 청호저수지
		- 계화도 간척지
		- 간재 선생 유지
		- 백세청풍비와 지식인
		- 계화산 통일봉화
		- 새만금 간척지(계화산) 및
		  새만금 홍보관
		- 가력배수갑문과 신시배수갑문
			- 계화산 정상에서 과
			  거와 미래의 연결
			- 시대적 상황에 맞
			  는 지식인의 역할
			  강조

이동(1h) 17:00~18:00	신시도-전주	- 복귀	이동 간 소감 발표

자료: 〈표 8〉 동진강 유역 하부지역에 분포하는 자연지리, 수리시설, 역사 · 문화 세 가지 영역의 콘텐츠를
교과통합체험학습으로 활용하기 위하여 편성한 프로그램. 연구자 작성.

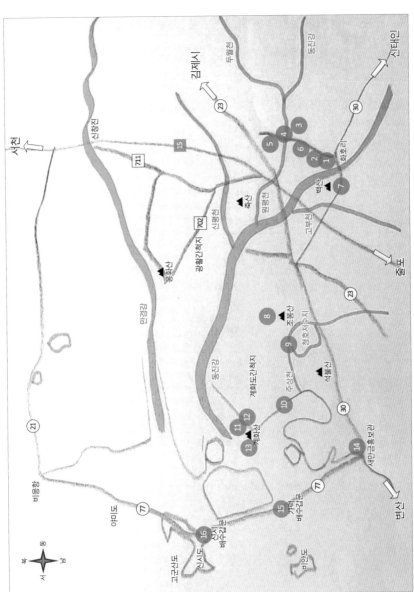

동진강에 흐르는 아리랑 제3부 현장답사 안내도: 화호리 - 새만금방조제 신시배수갑문. 연구자 작성. ① 일본인 농장가옥 ② 다우이 농장사무실 ③ 복굴제 ④ 월평천 ⑤ 아리랑 문화마을 ⑥ 아리랑문화관 ⑦ 동학혁명 배산성의비 ⑧ 조봉신 계화간척농업단지비 ⑨ 청호양수장 ⑩ 계화도 제1방조제 ⑪ 간재 선생 유지(계양사) ⑫ 백세청풍비와 지석인 ⑬ 계화산 통일봉화 ⑭ 새만금홍보관 ⑮ 가력배수갑문 ⑯ 신시배수갑문

④ 1박 2일 또는 2박 3일 일정 교과통합체험학습 프로그램

동진강 유역과 비교적 가까운 김제, 정읍, 부안, 전주, 임실, 순창, 완주 등의 전북지역에서 현장체험학습으로 활용하는 경우는 하루 체험학습일정으로 3회에 걸쳐 연속적으로 운영하는 것이 예산을 고려할 때 효율적일 것이다. 전북지역 외 지역인 무주, 진안, 장수, 익산, 군산, 남원 지역에서는 예산이 허락하는 경우 1박 2일로 활용하는 것이 시간을 효율적으로 사용할 수 있다. 이 경우 상부와 중부, 중부와 하부 등 적절하게 조합하여 콘텐츠들을 구성할 수 있다. 전라북도 외 지역의 경우는 1박 2일이나 2박 3일의 일정으로 콘텐츠들을 구성하여 활용할 수 있다.

관광 프로그램

일정한 학습시간을 확보하여 운영하는 현장체험학습과 달리 관광프로그램 코스는 개발된 콘텐츠가 분포하는 곳에 관광이나 잠시 방문하는 경우로 설정하였다. 만약 오전 4시간 동안이나 오후 4시간 동안 정해진 일정 시간이 확보된 경우는 특정한 지역의 구간을 설정하여 현장체험학습 프로그램처럼 구성하여 콘텐츠들을 활용하면 좋을 것이다.

관광 프로그램 활용을 위한 코스는 해당 지역의 지역축제나 관광명소를 중심에 두고 그 주변에 있는 개발된 콘텐츠를 활용하는 방법이 효율적인 방안이 될 수 있다. 동진강 유역의 상부에서 하부에 이르는 지역 곳곳에 지역축제가 연결되어 있다. 옥정호 주변의 구절초테마공원, 정읍 산외의 한우마을, 칠보의 태산선비문화, 신태인과 김제 부량면 일대의 김제 지평선축제, 그리고 동진강 하구 부근에는 계화도와 새만금이 자리하고 있어 본 연구에서 개발된 콘텐츠들이 관광과 접목하여 활용될 수 있는 환경이 조성되어 있다.

정읍 산내 구절초테마공원: '정읍 구절초 꽃 축제' 활용

지역의 축제를 활용한 동진강 유역의 콘텐츠 활용방안으로 정읍 산내의 구절초테마공원처럼 좋은 환경을 찾아보기 쉽지 않을 것이다. 이곳에서 추령천을 타고 조금만 올라가면 녹두장군 전봉군관이 위치한다. 전봉준 장군이 피체된 곳이다. 구절초테마공원에서 옥정호를 타고 남으로 내려가면 섬진강 다목적댐, 수장(水葬)된 운암제, 종성리 한말호남의병유적지, 김개남 장군 은거지 너디마을 등이 분포한다.

　2018년 현재 13회째 '정읍 구절초 꽃 축제'가 열렸다. 많은 사람들이 찾아오는 이곳에 위에서 열거한 콘텐츠들을 소개하는 공간을 마련하여 관광객이 역사 · 문화 콘텐츠를 접근할 수 있도록 한다면 교육적으로도

구절초테마공원. 섬진강의 지류하천인 추령천의 맑은 물과 조화롭게 어우러진다. 2019년 2월 13일 촬영.

구절초테마공원 인근의 추령천. 가뭄으로 옥정호가 바닥을 드러냈다. 2015년 10월 20일 촬영.

의미가 있을 것이다. 정읍 산내면의 구절초테마공원 주변에 분포하는 수리시설과 역사·문화 콘텐츠의 분포를 그림으로 나타내면 다음과 같다.

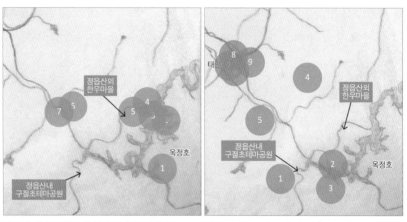

구절초테마공원 주변의 수리시설 콘텐츠.
① 운암제, ② 운암취수구, ③ 조압수조 및 방수구, ④ 소수력발전소, ⑤ 운암발전소

구절초테마공원 주변의 역사·문화 콘텐츠.
① 녹두장군 전봉준관, ② 김개남 장군 은거지, ③ 임병찬 창의유적지, ④ 김개남 장군 고택 터와 묘역, ⑤ 무성서원과 태인의병

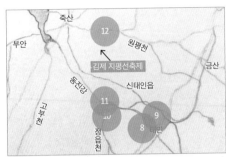
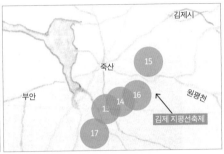

김제 벽골제 주변의 수리시설 콘텐츠. ⑧ 낙양리 취입수문, ⑨ 김제간선, ⑩ 광산보, ⑪ 만석보, ⑫ 벽골제

김제 벽골제 주변의 역사·문화 콘텐츠. ⑬ 화호리 구 일본인 농장가옥, ⑭ 다우에 다로 사무실, ⑮ 아리랑 문학마을, ⑯ 아리랑 문학관, ⑰ 동학혁명 백산창의비

김제 지평선축제는 김제를 널리 알리고 김제의 특산품인 지평선 쌀을 홍보하기 위해 우리나라 유일의 지평선을 테마로 벽골제 특설무대를 중심으로 하여 김제시 일원에서 진행되는데, 지난 1999년부터 시작되었다. 벽골제와 5천 년을 이어내려온 농경문화의 중심지역으로 옛 명성을 회복하고자 전국 유일의 하늘과 땅이 만나는 지평선의 비경을 테마로 한 지역 이

벽골제 앞에 세워진 쌍룡. 2015년 6월 20일 촬영.

미지 창출을 꾀하고 있다.

2018년 10월 5일 제20회 김제 지평선축제가 열렸다. 벽골제를 주무대로 하는 이 축제를 활용하여 근처의 콘텐츠들을 연계할 수 있다. 원평천과 신털미산, 아리랑 문학마을, 아리랑 문학관, 벽골제 발굴현장, 화호리 일제강점기 근대문화유산, 부안 백산성 등의 콘텐츠들이 그것이다.

② 관광명소를 중심으로 한 콘텐츠 활용

옥정호(운암면 일대) 주변 관광 활용

옥정호 주변의 국사봉, 붕어섬, 운암신대교, 운암 일대의 펜션 및 카페 등을 찾아오는 경우인데 이 경우에는 섬진강의 의미, 운암 마근댐, 옥정호 탄생 배경, 호남정맥 구간 등을 안내문으로 소개하고 가까운 콘텐츠를 찾아갈 수 있도록 유도한다.

국사봉 아래에서 바라본 운암강과 붕어섬. 2015년 11월 6일 촬영.

정읍시 산외면의 한우마을과 인근 칠보면 무성서원 주변에는 수리시설과
역사ㆍ문화 콘텐츠들이 밀집되어 분포하는 곳이다. 산외면에서 동쪽으로
종산리를 거쳐 팽나무정 마을로 올라가면 호남정맥의 산줄기와 운암발전
소, 소수력발전소, 수직갱(조압수조) 등의 콘텐츠가 있고 서편 동곡리 지금
실로 올라가면 김개남 장군 고택과 묘역이 자리한다. 한우마을에 들렀다
가 나가는 길에 칠보수력발전소와 동진강 도수로, 무성서원의 태인의병,
태인의 피향정과 비석군, 동학혁명군 성황산 전투, 태인향교와 태인동헌
콘텐츠들을 만날 수 있다. 본 연구에서는 제외하였지만, 칠보의 무성리와
시산리에서는 선비문화의 다양한 요소를 체험할 수 있는 곳이다. 칠보의
일곱 가지 자랑 및 고현8경을 포함한 시산사, 필양사, 한정, 송정, 후송정,
불우헌 정극인 동상과 상춘곡 등은 무성리 원촌마을에서, 고현동 향약과
단종비 정순왕후의 탄생지는 시산리 남전마을에서, 그리고 최치원의 유상
곡수의 장소인 유상대는 동편마을의 동쪽 우송교 건너 우측에서 만날 수
있다.

태산선비문화의 중심지 성황산 아래 원촌마을 전경. 필양사, 한정, 태산선비문화사료관 등이
보인다. 2018년 12월 28일 촬영.

전라북도 부안군 변산면 새만금로 6(대항리 산28-4)에 위치하고 있는 새만금홍보관은 새만금 간척사업에 대한 역사와 세계 최대 규모인 새만금간척개발사업의 상황 등을 홍보하기 위해 대한민국 농림수산식품부 산하 한국농어촌공사 새만금사업단에서 운영하는 새만금 홍보시설이다. 이곳을 찾는 관광객은 군산에서 부안으로, 또는 부안에서 군산으로 새만금방조제 도로를 이용하여 관광한다. 대한민국의 미래로 가는 새만금 간척지는 수리시설 콘텐츠에 포함되어 있는데, 자체가 관광지여서 많은 사람이 다녀가는 곳이다. 새만금홍보관 주변에 있는 청호저수지, 계화도 간척지, 조봉산 간척기념비, 간재 선생 유지, 백세청풍과 지식인, 계화산 통일봉화 등의 콘텐츠들을 연계하여 활용할 수 있다.

새만금홍보관. 2019년 2월 13일 촬영.

10장. 요약 및 결론

연구 결과의 요약

동진강 유역을 중심으로 지역자원의 콘텐츠 개발과 활용방안 연구를 위하여 자연지리 환경과 인문 환경 분석을 통해 유역 안의 지역자원을 자연지리, 수리시설, 역사 · 문화 등 세 가지 영역으로 범주화하여 콘텐츠를 개발하였다.

자연지리 콘텐츠 10개, 수리시설 콘텐츠 14개, 역사 · 문화 콘텐츠 15개 등을 개발하였는데, 세 가지 영역 각각의 스토리텔링 구성도를 제작하여 각 영역별로 독립적인 스토리텔링이 이루어지도록 하였다. 또한 교과통합체험학습 내용구성 모델에 적용한 통합적인 스토리텔링 전개 전략 모식도를 제시하여 자연지리 환경을 극복하기 위한 수리시설과 그에 따른 역사 · 문화 콘텐츠들이 통합적으로 스토리텔링이 이루어지도록 하였다.

개발된 콘텐츠들을 '교과통합체험학습 프로그램'과 '관광 프로그램' 두 가지로 나누어서 그 활용방안을 모색하였다. 먼저 교과통합체험학습 프로그램은 동진강 유역을 상부, 중부, 하부 세 부분으로 구분하여 개발된 콘텐츠들을 배정하고 교과통합적인 체험학습으로 진행할 수 있게 프로그램을 3회 운영할 수 있도록 구성하였다. 상부, 중부, 하부로 구분된 영역 안에 자연지리 콘텐츠, 수리시설 콘텐츠, 역사·문화 콘텐츠 들이 서로 통합적으로 구성되어 상부에서 중부로 중부에서 하부로 이어지도록 하였다. 또한 1박 2일의 일정으로 운영하는 체험학습의 경우 '상부와 중부', '중부와 하부'를 조합하여 콘텐츠들을 구성하였다.

관광 프로그램 활용방안으로는 동진강 유역 내에서 이루어지는 지역축제를 연계한 콘텐츠 활용과 관광명소를 중심으로 한 콘텐츠 활용으로 나누어서 제시하였다. 지역축제와 연계한 활용에서는 정읍 산내 구절초테마공원에서 열리는 '정읍 구절초 꽃 축제'와 벽골제를 중심으로 행해지는 '김제 지평선축제'를 활용하여 각각 축제가 열리는 옥정호와 벽골제 주변에 해당 콘텐츠들의 분포지와 의의를 알리는 방안을 제안하였다.

관광명소를 중심으로 한 콘텐츠 활용은 옥정호 주변의 붕어섬, 정읍 산외 한우마을, 칠보의 태산선비문화, 새만금홍보관 등을 예로 들었다. 이곳들은 관광객이 많이 찾는 곳이다. 각각 옥정호 주변, 정읍 산외 주변, 칠보 무성서원 주변, 새만금 간척지 주변의 수리시설 콘텐츠와 역사·문화 콘텐츠들을 안내하는 홍보를 통해 역사 교육의 장으로 활용될 수 있을 것이다.

연구 결론

동진강을 중심으로 개발된 자연지리, 수리시설, 역사·문화 콘텐츠들이 체험학습과 관광 등으로 활용된다면 다음과 같은 결과를 기대할 수 있다.

첫째, 자연지리 환경과 수리시설이 통합적으로 연결되어 있음을 알 수 있고 수리시설은 이 지역의 역사·문화 형성에 지대한 영향을 끼치고 있음을 터득할 수 있다.

둘째, 물을 막아 세운 수리시설 만석보가 기폭제가 되었던 동학농민 혁명의 의의를 살펴보고, 오늘 분단국가의 현실에서 만석보 같은 역할을 하고 있는 것이 무엇인지를 사고해보며, 1894년 종료된 동학혁명에서 반봉건·반외세의 자주정신이 이 시대에 어떻게 승화되고 계승되어야 하는지를 깨달을 수 있다.

셋째, 동학혁명 이후 이 지역에서 창의한 한말 조선 중기 태인의병의 가치를 되새기며 의병들의 숭고한 구국항일 정신을 추모하고 오늘에 계승할 수 있다.

넷째, 일제강점기 수탈 현장을 체험학습을 통해 눈으로 보고 가슴으로 느낄 수 있는 다크투어리즘의 역사교훈의 장으로 활용할 수 있다.

다섯째, 고대 시기 벽골제로부터 조선 후기 만석보를 거쳐 일제강점기 수탈의 수리시설들, 그리고 해방 후 계화도 간척사업으로 이어져온 동진강 유역 수리시설의 역사는 새만금간척사업으로 지금도 계속되고 있음을 통해 과거로부터 현재를 지나 미래를 향하고 있는 인류의 문화임을 인식할 수 있다.

여섯째, 동진강 유역이 가지는 역사성을 바탕으로 계화도 간척사업을 뛰어넘어 새만금 간척사업이 "동북아 경제 중심지로 비상할 녹색성장과 청정 생태환경의 글로벌 명품 새만금 건설"[1]이라는 목표가 성공적으로 완성될 수 있도록 전라북도의 새만금이 아닌 대한민국의 새만금이 되도록 온 나라의 역량과 마음을 함께 모아나갈 수 있다.

본 연구 결과 개발된 콘텐츠들이 관광이나 체험학습을 통해 많은 사람들에게 활용되고 그 결과 이 시대에 필요한 정신이 자주이며, 이 시대의 사명이 통일임을 인식하는 데 기여하기를 바라며, 이 콘텐츠들이 한 걸음 한 걸음 통일로 가는 데 작은 씨앗이 되기를 소망해본다.

---

[1] "새만금 개발청"(http://www.saemangeum.go.kr, 검색일: 2018년 11월 18일)

연구의 한계

본 연구를 수행하는 데 있어서 지역자원의 공간적 범위를 동진강 유역으로 제한한 것이 연구의 한계였다. 전북지역과 관계되는 만경강, 섬진강, 금강 등으로 확대하여 비교하였다면 더 나은 연구가 되었으리라고 생각된다. 게다가 동진강 유역에서도 전체 공간을 다루지 못하고 동진강 본류를 중심으로 강 주변의 지역자원만을 대상으로 하였기 때문에 일제강점기 수탈 현장 중 김제광활 간척지를 다루지 못해 아쉬움이 남는다. 이 시기 간척사업이 가지는 식민 수탈적 성격을 이해하는 데 광활 간척지는 역사교훈으로 의미 있는 지역자원이기 때문이다.

또한 옹동면의 산성정수장은 현재 식수로 사용되는 수자원의 소중함을 접할 수 있는 측면에서, 칠보수력발전소에서 전력을 생산하고 나온 물이 동진강 도수로를 타고 부안 계화도의 청호저수지로 가는 수로 옆에 위

거전마을에서 바라본 광활 간척지. 섬진강의 물이 김제간선수로를 타고 이곳에 와서 동진강으로 빠져나간다. 2015년 12월 3일 촬영.

동진강 도수로의 경사를 이용하여 발전하는 정우소수력발전소. 2018년 11월 1일 촬영.

치하는 정우소수력발전소는 무공해 에너지를 생산하는 환경 측면에서 각각 그 의의가 있음에도 프로그램 활용 때문에 콘텐츠 개발에서 제외되었다.

이 지역을 배경으로 하는 문학 영역인 『아리랑』, 『갯들』 같은 소설 작품은 현장은 물론 실내공간에서 책이라는 매체를 활용하여 간접체험을 할 수도 있기 때문에 그 활용도의 폭이 넓다. 본 연구에서는 역사·문화 콘텐츠 영역에서 소설 『아리랑』만 다룬 것 또한 연구의 한계이다. 동진강 유역 안의 문학, 특히 소설 분야는 차후 역사·문화 영역의 콘텐츠 범주에서 '문학 영역 콘텐츠'로 독립시켜 동진강 유역을 공간적 배경으로 하는 작품들을 뽑아내고, 소설의 내용과 현장을 연결하여 콘텐츠로 개발한 다음 문학기행의 형태로 활용될 수 있도록 추가 연구로 이어지기를 바란다.

일제강점기 전북지역 농업수탈의 또 하나의 공간이 만경강 유역인데, 이 지역의 지역자원에 대한 연구가 수행되고 콘텐츠 개발로 이어지면 그 결과 동진강 유역과 만경강 유역의 수탈 양상을 비교분석하여 더 넓은 시야와 심도 있는 콘텐츠 개발이 이루어질 것이라 여겨진다. 아울러 군산의 근대문화유산들이 동진강 유역과 만경강 유역 수탈의 결과물들이 수

새창이다리(만경대교). 동진강 하구 광활 간척지에서 생산되는 쌀을 군산 내항으로 수탈하기 위하여 1933년에 세운 만경대교는 역사의 무게를 이기지 못하고 그 기능을 상실하였다. 섬진강과 동진강 그리고 만경강을 이어갔던 수탈의 상징성을 지닌 다리이다. 사진 좌측 만경강 하구로 내려가면 새만금 간척사업이 진행되고 있어 과거 수탈의 연결로 새창이다리와 대한민국 미래의 희망을 품은 새만금방조제가 과거와 미래로 대비되고 있다. 2015년 1월 2일 촬영.

렴되어 형성되었음을 통합적으로 접근할 수 있는 콘텐츠 개발이 이어지기를 바란다.

단행본

고토 분지로, 손일 옮김, 조선기행록(서울: 푸른길, 2010).

금산군수, 금산문화유산(금산: 타오기획, 2010).

김부식, 이병도 역주, 삼국사기 상(서울: 을유문화사, 2002).

김삼웅, 녹두장군 전봉준(서울: 시대의 창, 2013).

김유봉 외, 김제도폭 지질조사보고서(축척 1:50,000)[한국지질자원연구원, 2012].

민족문화추진회, 신증동국여지승람 7(서울: 민문고, 1989).

박민영, 대한 선비의 표상 최익현(서울: 역사공간, 2012).

_____, 한말중기의병(천안: 경인문화사, 2009).

박성태, 신산경표(서울: 조선매거진, 2010).

서울대규장각한국학연구원, 고지도해동전도 下(서울: 해동지도연구소, 2012).

손상국, 최치원을 추억하다(전주: 신아출판사, 2016).

송교영 외, 정읍도폭 지질조사보고서(축척 1:50,000)[한국지질자원연구원, 2013].

송정수, 베일에서 벗어나는 전봉준 장군(서울: 혜안, 2018).

신봉룡, 전봉준 평전(서울: 지식산업사, 2006).

신태인읍지 편찬위원회, 新泰仁百年史(정읍: 진현광고기획, 2015).

오영섭, 한말 순국 · 의열투쟁(천안: 경인문화사, 2009).

이기상, 지구촌 시대와 문화콘텐츠(서울: 한국외국어대학교 출판부, 2009).

이종진, 萬頃江의 숨은 이야기(익산: 한맘, 2015).

이태룡, 고창동학농민혁명과 의병(서울: 푸른소나무, 2014).

임실문화원, 옥정호 이야기 풍경을 담다(전주: 신아출판사, 2014).

장성수 외, 20世紀 화호리의 경관과 기억(서울: 눈빛, 2008).

전북역사문화학회, 전라북도금석문대계 4(전주: 신아출판사, 2010).

정교, 대한계년사 2(서울: 소명출판, 2004).

정읍시박물관 · 전북대학교무형문화연구소, 천년의 물길에 깃든 삶과 이야기(정읍: 하나칼라, 2015).

정창권, 문화콘텐츠 스토리텔링(서울: 북코리아, 2008).

정태헌, 문답으로 읽는 20세기 한국경제사(서울: 역사비평사, 2010).

조광환, 전봉준과 동학농민혁명(서울: 살림터, 2014).

크리스 펠란트, 사공희 옮김, 암석과 광물(서울: 두산동아, 2005).

한국문화원연합회전북도지회, 전북지방의 선정 · 공적 · 기념비(전주: 신아출판사, 2012).

홍만섭 · 윤선 · 길영준, 지질도폭설명서(갈담 1:50,000)[상공부국립지질조사소, 1966].

홍영기, 대한제국기 호남의병 연구(서울: 일조각, 2005).

황현 · 김종익 옮김, 오동나무 아래에서 역사를 기록하다(고양: 역사비평사, 2016).

황현 · 허경진 옮김, 매천야록(파주: 서해문집, 2014).

학술지 논문

강명진, "1910~1930년대 아베 일가의 동진강 유역 간척과 농업수탈", 한국근현대사연구 7(2015).

강봉룡, "벽골제(碧骨堤)의 築造 및 修築과 그 해양사적 의의", 도서문화 22(2003).

권혁재, "호남평야의 충적지형에 관한 지리학적 연구", 지리학 10(1975).

김동노, "일제시대 식민지 근대화와 농민운동의 전환", 한국사회학 41(1)(2007).

김승현, "艮齋 田愚의 義理思想에 대한 一考", 유교사상연구 26(2005).

김영순, "지역문화콘텐츠의 교육적 활용방안에 관한 연구", 인문콘텐츠 8(2006).

노중국, "한국고대 수리시설의 역사성과 의미", 신라문화 45(2015).

노철현, "교과통합의 개념모형 일고찰", 도덕교육연구 221-1(2010).

박학래, "근대 이행기 호남 유학의 지형", 한국인물사연구, 24,(2015).

서강선, "지역의 역사 · 문화콘텐츠 개발사례", 한국학연구(2016).

신용하, "갑오농민전쟁의 제2차 농민전쟁", 한국문화 14(1993).

안병관, "간재 전우의 의리정신과 그 연원에 대한 고찰", 한국양명학회 33(2012).

245 유대영, "동진강(東津江)과 운암제(雲岩堤)", 태한토목학회지 4(2001).

이상현 · 이종오, "지역문화콘텐츠로서 역사문화자원의 활용사례 연구",(글로벌
　　　문화콘텐츠학회 학술대회, 2018).

이종주 · 이정훈, "식민지농촌 구술의 서사구조와 문화콘텐츠적 의의", 인문콘텐츠
　　　38(2015).

이준식, "식민지 근대화론의 비판적 검토", 한국역사연구회회보 26(1996).

_____, "식민지 근대화론이 왜 문제인가?" 내일을 여는 역사 66(2017).

이환기, "교과통합의 인식론적 기초", 중등우리교육(1996).

장호, "벽골제와 그 주변의 지형 및 지리적 변천에 관한 고찰", 문화역사지리 20(2008).

정승진, "식민지지주제의 동향(1914~1945): 전북『益山郡春浦面土地臺帳』의 분석",
　　　한국경제연구 12(2004).

조성운, "부안지역 동학농민운동과 백산대회", 역사와 실학 61(2016).

최원규, "일본인 지주의 농장경영과 농외투자", 지역과 역사 17(2005).

함한희 외, "식민지 경관의 형성과 그 사회문화적 의미", 한국문화인류학 43(2010).

허수열, "식민지근대화론의 주요 주장의 실증적 검토", 내일을 여는 역사(2015).

기타 자료

김규원, 지역문화콘텐츠기반 및 활용 강화방안 연구보고, 2012.

박래철, 천년의 물길에 깃든 삶과 이야기, 동진강의 지리적 고찰, 2015.

장현근, 제주 생활문화 원형의 이해와 적용, 화산섬 제주의 자연과 사람 교과통합체험학습
　　　프로그램 개발과 적용, 제주대학교탐라문화연구원, 2018.

최완규, 김제지역 고대 문화유산과 벽골제, 지역 고대역사 이해 활용연수, 2015.

황형준, "간재의 뜻만큼이나 높게 솟은 청풍대비", 부안독립신문, 2018. 5. 26.

전자매체

고전번역원DB(http://db.itkc.or.kr/)

국립국어원(https://www.korean.go.kr/)

네이버캐스트(https://terms.naver.com)

농촌진흥청(http://www.rda.go.kr)

두산백과(http://terms.naver.com)

박문각(http://www.pmg.co.kr)

새만금개발청(http://www.saemangeum.go.kr/)

조선왕조실록(http://sillok.history.go.kr)

한국지질자원연구원(https://mgeo.kigam.re.kr/)

한민족문화대백과(https://terms.naver.com)